essentials

Essentials liefern aktuelles Wissen in konzentrierter Form. Die Essenz dessen, worauf es als „State-of-the-Art" in der gegenwärtigen Fachdiskussion oder in der Praxis ankommt. *Essentials* informieren schnell, unkompliziert und verständlich

- als Einführung in ein aktuelles Thema aus Ihrem Fachgebiet
- als Einstieg in ein für Sie noch unbekanntes Themenfeld
- als Einblick, um zum Thema mitreden zu können

Die Bücher in elektronischer und gedruckter Form bringen das Fachwissen von Springerautor*innen kompakt zur Darstellung. Sie sind besonders für die Nutzung als eBook auf Tablet-PCs, eBook-Readern und Smartphones geeignet. *Essentials* sind Wissensbausteine aus den Wirtschafts-, Sozial- und Geisteswissenschaften, aus Technik und Naturwissenschaften sowie aus Medizin, Psychologie und Gesundheitsberufen. Von renommierten Autor*innen aller Springer-Verlagsmarken.

Pascal Breitenmoser

Führungspersonal im Feuerwehrdienst

Anforderungsanalyse & Kompetenzmodell zur Auswahl von Kaderpersonal

Pascal Breitenmoser
Therwil, Schweiz

ISSN 2197-6708   ISSN 2197-6716 (electronic)
essentials
ISBN 978-3-662-72384-5   ISBN 978-3-662-72385-2 (eBook)
https://doi.org/10.1007/978-3-662-72385-2

Die Deutsche Nationalbibliothek verzeichnet diese Publikation in der Deutschen Nationalbibliografie; detaillierte bibliografische Daten sind im Internet über https://portal.dnb.de abrufbar.

© Der/die Herausgeber bzw. der/die Autor(en), exklusiv lizenziert an Springer-Verlag GmbH, DE, ein Teil von Springer Nature 2025

Das Werk einschließlich aller seiner Teile ist urheberrechtlich geschützt. Jede Verwertung, die nicht ausdrücklich vom Urheberrechtsgesetz zugelassen ist, bedarf der vorherigen Zustimmung des Verlags. Das gilt insbesondere für Vervielfältigungen, Bearbeitungen, Übersetzungen, Mikroverfilmungen und die Einspeicherung und Verarbeitung in elektronischen Systemen.
Die Wiedergabe von allgemein beschreibenden Bezeichnungen, Marken, Unternehmensnamen etc. in diesem Werk bedeutet nicht, dass diese frei durch jede Person benutzt werden dürfen. Die Berechtigung zur Benutzung unterliegt, auch ohne gesonderten Hinweis hierzu, den Regeln des Markenrechts. Die Rechte des/der jeweiligen Zeicheninhaber*in sind zu beachten.
Der Verlag, die Autor*innen und die Herausgeber*innen gehen davon aus, dass die Angaben und Informationen in diesem Werk zum Zeitpunkt der Veröffentlichung vollständig und korrekt sind. Weder der Verlag noch die Autor*innen oder die Herausgeber*innen übernehmen, ausdrücklich oder implizit, Gewähr für den Inhalt des Werkes, etwaige Fehler oder Äußerungen. Der Verlag bleibt im Hinblick auf geografische Zuordnungen und Gebietsbezeichnungen in veröffentlichten Karten und Institutionsadressen neutral.

Springer ist ein Imprint der eingetragenen Gesellschaft Springer-Verlag GmbH, DE und ist ein Teil von Springer Nature.
Die Anschrift der Gesellschaft ist: Heidelberger Platz 3, 14197 Berlin, Germany

Wenn Sie dieses Produkt entsorgen, geben Sie das Papier bitte zum Recycling.

Was Sie in diesem *essential* finden können

- Die Darlegung der Notwendigkeit von qualifizierten Angehörigen der Feuerwehr, insbesondere des Führungspersonals, im komplexen Umfeld von herausfordernden Aufgaben und Situationen.
- Die Erläuterung theoretischer Modelle zur Personaldiagnostik hinsichtlich Anforderungsprofile und dazu erforderlichen Kompetenzen
- Hilfestellung zur Standortbestimmung ihres Personals
- Beispiel eines möglichen Hilfsmittels zur strukturierten Personalbeurteilung

Vorwort

Als Feuerwehroffizier habe ich selbst direkten Bezug zu der anspruchsvollen Aufgabe der Kaderplanung. Aus dem Studium «Master of Advanced Studies (MAS) Business Psychology» heraus, mit den vertieften Einblicken in die Themen Personalauswahl, -beurteilung, -entwicklung, usw., sehe ich Potenzial für Verbesserungen in der Personalauswahl bei freiwilligen bzw. milizorganisierten Feuerwehren. Anders als bei Berufs- oder Betriebsfeuerwehren steht diesen kein ausgebildetes Human Resources (HR) als Unterstützung für Personalentscheide zur Verfügung. Die Erkenntnisse aus der Forschungsarbeit im Rahmen der MAS Thesis «Kaderplanung in milizorganisierten Feuerwehren» (Pascal Breitenmoser, 2022), welche mit einer Diplomauszeichnung prämiert wurde, sollen weiteren Feuerwehrkameradinnen und -kameraden zugänglich gemacht werden und dienlich sein. Dem essential-Format entsprechend werden die wichtigsten Punkte aus der MAS Arbeit in vereinfachter und trotzdem nachvollziehbar fundierter Form beschrieben, und für weitere Erläuterungen und Hintergründe auf die Originalarbeit verwiesen.

Als Vorbemerkung wird darauf hingewiesen, dass die MAS Arbeit in der Schweiz geschrieben wurde und auf Untersuchungen im Kanton Basellandschaft beruhen. Entsprechend werden Begrifflichkeiten verwendet und Organisationsstrukturen beschrieben, welche abweichend zu den Nachbarländern sein können. Diese werden bewusst 1:1 übernommen, damit die Lesenden den roten Faden der MAS Arbeit erkennen können. An einigen Stellen wird zu Beginn explizit der Bezug zu den deutschsprachigen Ländern Deutschland und Österreich gemacht, damit der Inhalt vergleichbar wird.

Ich danke allen Personen und Institutionen, welche mich bei der MAS Thesis wie auch der Ausarbeitung dieses Buches unterstützt und daran mitgewirkt haben.

Pascal Breitenmoser

Konkurrierende Interessen Der/die Autor*in hat keine für den Inhalt dieses Manuskripts relevanten Interessenkonflikte.

Inhaltsverzeichnis

1	**Einleitung**...	1
2	**Die Feuerwehr inmitten eines komplexen Umfeldes**..............	3
2.1	Organisation und Führungsstruktur........................	3
2.2	Das Feuerwehrwesen in der Schweiz.......................	4
	2.2.1 Herausforderungen aus dem Milizsystem..............	4
	2.2.2 Das Feuerwehrwesen im Kanton Basel-Landschaft......	6
	2.2.3 Ausbildungsweg zum Kaderpersonal (Kt. BL & BS)..	7
2.3	Anforderungen an die Führung im Feuerwehrdienst...........	8
3	**Theorie zur Personaldiagnostik**..............................	13
3.1	Thematische Einordnung und Begriffserklärung...............	13
3.2	Anforderungsanalyse – Methode zur Ableitung erforderlicher Kompetenzen..........................	14
	3.2.1 Intuitive Methode.....................................	17
	3.2.2 Personenanalytische Methode........................	18
	3.2.3 Personalauswahl.....................................	19
3.3	Kompetenzmodelle – Wissenschaftliche und praxisbezogene Ansätze.................................	19
	3.3.1 Begriffserklärung....................................	19
	3.3.2 Einordnung der Kompetenzmodelle...................	20
	3.3.3 Kompetenzmodell der Feuerwehrkoordination Schweiz (FKS).......................................	21
	3.3.4 Kompetenzmodell – KODE®.........................	22
	3.3.5 Vergleich FKS-KM und KODE®-KompetenzAtlas©.....	23
3.4	Diagnostische Verfahren zur Kompetenzbeurteilung............	24

4 Studie 1 – Anforderungsanalyse bei milizorganisierten Feuerwehren im Kt. BL 27
   4.1 Forschungsrahmen 27
   4.2 Methode 28
      4.2.1 Konzept zum qualitativen Experteninterview 29
      4.2.2 Durchführung und Transkription der qualitativen Experteninterviews 31
      4.2.3 Auswertung und Kodierung der Experteninterviews 32
   4.3 Ergebnisteil zur Studie 1 34
      4.3.1 Vergleich der Kompetenzmodelle FKS und KODE® 34
      4.3.2 Sichtbarkeit von Anforderungsunterschieden bei Kaderstufen 36
      4.3.3 Sichtbarkeit der Leistungsbereiche Einsatz und Einsatzbereitschaft 36
      4.3.4 Erlernbarkeit von Kompetenzen 37
      4.3.5 Zwischenfazit zur Studie 1 38

5 Prototyp Kadertool 39
   5.1 Allgemeiner Aufbau 39
   5.2 Vorselektierte Verhaltensbeobachtungen aus Ergebnissen der Studie 1 41

6 Studie 2 – Plausibilität & Nutzungsabsicht zum Prototyp Kadertool 45
   6.1 Methode 45
   6.2 Ergebnisteil zur Studie 2 46

7 Fazit 49

Was Sie aus diesem *essential* mitnehmen können 51

Literatur 53

Einleitung 1

Die Anforderungen an die Feuerwehr (FW) sind komplex und gehen weit über die reine Brandbekämpfung hinaus. So kommen auch Elementarereignisse, Personenrettungen, technische Hilfeleistungen, usw. hinzu (Feuerwehr Koordination Schweiz [FKS], 2022a; Guth et al., 2020). Einsatzkräfte begeben sich dabei in Gefahrensituationen. In dem Spannungsfeld, den Betroffenen helfen zu wollen und dabei sich selbst nicht in unbeherrschbare Gefahren zu bringen, stellt eine schwierige Führungsaufgabe dar. So muss das Kader im Einsatz unter Stress die Lage rasch erfassen, beurteilen, folgerichtig entscheiden und den Leuten direkte Befehle geben. In Übungen hingegen liegt die Aufgabe darin, die Mannschaft fundiert auszubilden und auf Ernstfälle vorzubereiten. Innerhalb der Organisation obliegen dem Kader zudem administrative Aufgaben. Für die breitgefächerten Anforderungen sind geeignete Personen zu finden. Anders als im beruflichen Kontext, können im Milizsystem[1] die gesuchten Positionen nicht ausgeschrieben und rekrutiert werden (Holzer, 2020; Wehner et al., 2015). Sie müssen aus der Mannschaft, einer begrenzten Grundrate an Personen mit unterschiedlichen Fähigkeiten, erkannt und über das kantonalgeregelte Kurswesen weiterentwickelt werden. Dabei steht dem beurteilenden Führungsstab meist kein erfahrenes Human Resources (HR) zur Seite. Deshalb erfolgt die Kaderbeurteilung oft auf simpler Basis von intuitiven Einzelbeobachtungen der Führungsmitglieder.

---

[1] Milizsystem ist ein schweizerischer Begriff, auf welcher in Abschn. 2.2.1 eingegangen wird. Vereinfacht kann es für Deutschland und Österreich mit Freiwilligentätigkeit verglichen werden.

© Der/die Autor(en), exklusiv lizenziert an Springer-Verlag GmbH, DE, ein Teil von Springer Nature 2025
P. Breitenmoser, *Führungspersonal im Feuerwehrdienst*, essentials,
https://doi.org/10.1007/978-3-662-72385-2_1

Beim vorliegenden Buch wird der Fokus deshalb bewusst auf die Personalbeurteilung im Vorfeld zur Personalauswahl bei nicht beruflich organisierten Feuerwehren gelegt. Die Kapitel gliedern sich in fünf Teile:

(1) Zunächst wird in Kap. 2 das Feuerwehrwesen in seiner Komplexität vorgestellt. Die beschriebenen Herausforderungen verdeutlichen, dass insbesondere bei Führungskräften ein breiter Kompetenzbereich abverlangt wird. Bekanntes Wissen aus der Forschung wird hierzu vorgestellt und mögliche Wissenslücken zum Schliessen aufgezeigt.
(2) In Kap. 3 folgt die Theorie zur Personaldiagnostik, in welcher die Anforderungsanalyse und die Kompetenzmodelle vorgestellt werden. Dazu wird erläutert, wie sich über beobachtbares Verhalten die abstrakten Kompetenzbegriffe beschreiben lassen.
(3) In Kap. 4 folgt der Beschrieb der empirischen Studie 1 zur Anforderungsanalyse mittels halbstrukturierten Experteninterviews. Daraus erfolgt ausgewertet die Zuordnung und die gewonnenen Erkenntnisse zu den Grundkompetenzen.
(4) Aus den Ergebnissen der Studie 1 wird dann im Kap. 5 der Prototyp des Kadertools erläutert, welcher im Rahmen der MAS Thesis entwickelt wurde, und als Download zum Buch bereitgestellt wird.
(5) In Kap. 6 wird mittels Feedback-Fragebogen zur Inhaltsprüfung und Nutzerakzeptanz kurz dargelegt, wie das Kadertool unter den Experten aus der Studie 1 empirisch abschneidet.

Im Fazit (s. Kap. 7) wird die Forschungsarbeit zusammengefasst und mit Handlungsempfehlungen abgeschlossen.

Die Feuerwehr inmitten eines komplexen Umfeldes 2

2.1 Organisation und Führungsstruktur

Die Feuerwehr (FW) ist wie die Polizei oder Sanität eine Blaulichtorganisation, deren Struktur anhand der gestellten Aufgaben und Schutzziele organisiert ist. Sie kommen bei Brand-, Elementarereignissen und weiteren Hilfeleistungen zum Schutz von Menschen, Tieren, Umwelt und Sachwerten durch Alarmierung unverzüglich zum Einsatz (FKS, 2022a; Kern, 2020). Die hierarchische Führungsstruktur in der Feuerwehr zeichnet sich durch klare Kompetenzregelung sowie direkte und präzise Kommunikation aus. Auch die Aufgabenerfüllung im Einsatz benötigt in Kombination mit dem autoritären Führungsstil von den Ausführenden fachlich nur minimale Grundkenntnisse und Fähigkeiten zur korrekten Umsetzung (Bräuer, 2014; Pulm, 2019). Zu beachten gilt, dass die Funktionsbezeichnung nicht das gleiche ist wie die Dienstgradbezeichnung. So kann es beispielsweise nur eine Einsatzleitung geben, obwohl mehrere Offiziere vor Ort sind. Diese führen dann andere Funktionen aus, wofür auch eine geringere Qualifikation ausreichen würde (Pulm, 2019). Ausserhalb von Einsatzsituationen (ESit) bleiben die hierarchischen (militärischen) Dienstränge bestehen, doch ohne Zeitdruck im Bereich der Einsatzbereitschaft (EBe) wird der kooperative Führungsstil mit Funktionsstrukturen angewendet (Kern & Hartung, 2013; Pulm, 2019). Mit den unterschiedlichen Bedingungen und damit einhergehend dem Strukturwechsel, lassen sich grob zwei Leistungsbereiche unterscheiden (s. Abb. 2.1).

Die Ergebnisse aus der Studie 1 werden zeigen (s. Abschn. 4.3.3), dass es bezüglich der Leistungsbereiche Einsatz und Einsatzbereitschaft relevant ist, diese hinsichtlich Kompetenzen zu differenzieren.

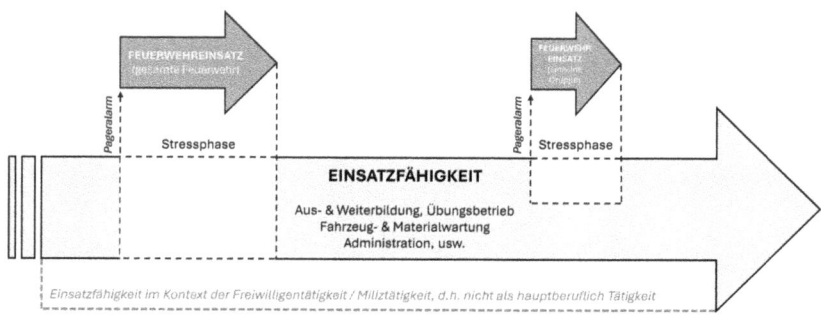

Abb. 2.1 Unterscheidung der Leistungsbereiche von Einsatzorganisationen

2.2 Das Feuerwehrwesen in der Schweiz

Die Feuerwehr ist eine Einsatzorganisation, welche auf Bundesebene Teil des Systems Bevölkerungsschutz ist. Die gesetzlichen Grundlagen betreffend Aufgaben und Befugnisse werden auf kantonaler Ebene geregelt (Schweizerische Eidgenossenschaft, 2020).

19 Kantone verfügen über kantonale Gebäudeversicherungen, welche für das Feuerwehrwesen operativ und finanziell zuständig sind. In den übrigen Kantonen nimmt eine kantonale Verwaltungsabteilung diese Aufgaben wahr. Operatives Organ der kantonalen Hoheitsträger ist die Feuerwehrkoordination Schweiz (FKS). Das Feuerwehrwesen beruht ausserhalb der Berufs- und Betriebsfeuerwehren hauptsächlich auf dem Milizsystem (FKS, 2022a).

2.2.1 Herausforderungen aus dem Milizsystem

Das Milizsystem ist ein schweizerischer Begriff und stellt einen im geringen Masse entschädigten Dienst an der Gesellschaft dar, was strenggenommen eine Mischform zwischen der Freiwilligentätigkeit und der Erwerbstätigkeit ist (Ketterer et al., 2015). Die Angehörigen der Feuerwehr (AdF) verrichten den Dienst zusätzlich zur beruflichen Tätigkeit in ihrer Freizeit. Die Struktur des Milizsystems hat unter anderem seinen Ursprung im schweizerischen Militärdienst (Ketterer et al., 2015). Die Führungsstruktur von Einsatzorganisationen orientiert sich in der Schweiz an hierarchisch gegliederte Dienstränge, dessen Bezeichnung vom Militär übernommen wird (s. Tab. 2.1). Sie repräsentieren Qualifikation, Stellung

2.2 Das Feuerwehrwesen in der Schweiz

Tab. 2.1 Feuerwehrstruktur mit Dienstgrad, Qualifikation und Funktion nach den Kommandoakten[1] (FWI, 2022)

Dienstgrade (CH)		Qualifikation zum	Funktion im Einsatz	Bezug (D) & (A)
Major (Maj)	Offiziere	Kommandant (bei Stützpunktfeuerwehr)	**Einsatzleitung** *(auch Abschnittsleiter, Leiter von Fachbereichen oder mehrere Gruppen)*	Zugführer
Hauptmann (Hptm)		Kommandant (Kdt) einer Orts- oder Verbundfeuerwehr		
Oberleutnant (Oblt)		Stv. Kommandant (Stv. Kdt)		
Leutnant (Lt)			**Einsatzleiter (EL)**	
Adjutant (Adj)	Unteroffiziere	*Stabsfunktion*	**Gruppenführer** *(kann in einer ersten Einsatzphase die Funktion als EL übernehmen)*	Gruppenführer
Feldweibel (Fw)		*Chef Material*		
Fourier (Four)		*Chef Administration*		
Wachtmeister (Wm)		**Ausbildner & Gruppenführer, möglicher Ersteinsatzleiter**		
Korporal (Kpl)		**Gruppenführer (Grf)**	**«Gruppenführer»** Führung eines Trupps oder einer Gruppe	Truppführer
Gefreiter (Gfr)	Mannschaft	*AdF mit Erfahrung, AdF mit Zusatzfunktionen*	**AdF** ggf. mit Spezialfunktionen, z. B. Fahrer/Maschinist	Truppmann/-frau
Soldat (Sdt)		**Angehörige der Feuerwehr (AdF)**		
Rekrut (Rekr)				

---

[1] Synonym verwendete Begrifflichkeiten für Deutschland (D) gem. FwDV 100 bzw. Österreich (A) gem. Heft 122. Die Einordnung soll eine Übersicht geben, der infolge des Buches weiterhin verwendeten schweizerischen Begriffe.

und Funktion innerhalb der Organisation (Feuerwehrinspektorat beider Basel [FWI], 2022).

Die Ausbildungsgrundlage ist durch die Unterlagen der FKS gesamtschweizerisch geregelt, sowohl für Miliz- wie auch Berufsfeuerwehren, namentlich durch das Reglement Basiswissen (FKS, 2013) und dem Reglement Einsatzführung (FKS, 2022b). Doch im Vergleich zur beruflichen Ausübung wenden Personen im Milizsystem weniger Zeit auf mit Übungen, haben meist weniger Einsätze und verfügen damit insgesamt über geringere Routine im Feuerwehrhandwerk. Dies stellt eine Herausforderung hinsichtlich der Erwartungshaltung der Bevölkerung dar. Insbesondere für die Geschädigten macht es keinen Unterschied, ob Berufs- oder Milizfeuerwehrleute herbeieilen, sie erwarten gleichermassen professionelle Hilfe. Gleiches gilt für die Aufsichtsbehörden und die administrativen Verwaltungsprozesse (Lehmann et al.).

Das Milizsystem ist trotz der erwähnten Spannungsfelder eine etablierte Form der bedarfsorientierten Aufgabenerfüllung. Die Leute leisten nur einen Dienst, wenn dieser durch die Alarmierung oder den Übungsbetrieb gefordert wird, d. h. die bezahlte Bereitschaft entfällt (FKS, 2022a).

2.2.2 Das Feuerwehrwesen im Kanton Basel-Landschaft

Die Feuerwehr ist in den Kantonen Basel-Landschaft (Kt. BL) und Basel-Stadt (Kt. BS) über das Feuerwehrinspektorat (FWI) beider Basel geregelt. Es stellt als Kompetenzzentrum für Schadensbekämpfung einen Teil der Basellandschaftlichen Gebäudeversicherung (BGV) dar.

Sie verfassen die Kommandoakten mit sämtlichen Verweisen auf gesetzliche Grundlagen, Reglemente der FKS, Vorgaben, Organisationsstrukturen usw. und sind für die zuständigen Feuerwehren bindend (FKS, 2022a).

Die Tab. 2.1 zeigt die auf Stufe Orts-, Verbund- und Stützpunktfeuerwehr wesentlichen Dienstgrade und Qualifikationen auf. Die ausgeübte Funktion in Einsätzen kann unterschiedlich sein und hängt vom Ereignis und den Leuten vor Ort ab. Diese Struktur ist gesamtschweizerisch in etwa gleich.

Der Korporal stellt die erste Kaderposition dar und führt im Einsatz einen Trupp bzw. eine Gruppe, daher kommt auch die Funktionsbezeichnung Gruppenführer. Dies mag für Verwirrung stiften, da in Deutschland (D) und Österreich (A) der Begriff Gruppe und Trupp nicht synonym verwendet wird. Der/die Einsatzleiter/in gibt die Einsatztaktik vor und trägt die Gesamtverantwortung. Diese

Funktion wird von einem Offizier wahrgenommen, was in D/A einem Zugführer entsprechen würde. Der Wachtmeister stellt im Einsatz einen erfahrenen Gruppenführer dar, welcher nebst einem Trupp auch mehrere Gruppen führen kann. Seine zusätzliche Ausbildung und Qualifikation zielt auf die Funktion als Ausbildner bei Lektionen im Übungsbetrieb ab, sowie als Ersteinsatzleiter. Falls dieser zuerst am Einsatzort eintrifft, so darf er die ersten Einsatzbefehle geben, bis ein Offizier ankommt und die Einsatzleitung übernimmt. Der Rest der Mannschaft besteht aus Angehörigen der Feuerwehr (AdF) ohne Führungsfunktion, was den Truppmännern/-frauen in Deutschland und Österreich entspricht.

Das Kommando, auch Führungsstab genannt, besteht in der Regel aus den Offiziersrängen und den Chefs Material (Feldweibel) & Administration (Fourier). Sie treffen innerhalb der Feuerwehr die strategischen und organisatorischen Entscheide, vergleichbar mit der Geschäftsleitung in einer Firma. Auch die Kaderplanung und Personalentscheide erfolgen in diesem Gremium. Deshalb ist es wichtig, dass diese Mitglieder über Grundlagenwissen oder Erfahrung in der Personaldiagnostik verfügen.

2.2.3 Ausbildungsweg zum Kaderpersonal (Kt. BL & BS)

Die Laufbahn in der Feuerwehr beginnt (mit Eintritt) als Rekrut. Nach erfolgreich abgeschlossenem kantonalem Basiskurs und den vollständig absolvierten Jahresübungen, erfolgt in der Regel nach einem Jahr die Beförderung zum Angehörigen der Feuerwehr (AdF), als Soldat. Jede weitere Beförderung erfolgt stufenweise nach erfolgreich absolvierten kantonalen Beförderungskursen, die an Zulassungsbedingungen und Erfolgskontrollen geknüpft sind (s. Abb. 2.2). Die Empfehlung und Anmeldung an die jeweiligen Beförderungskurse erfolgen durch das Kommando der jeweiligen Feuerwehren. Die Durchführung selbst erfolgt durch ein ausgebildetes Instruktorenteam nach zertifizierten Qualitätsstandards (Quality Label FKS und eduQua) am interkantonalen Feuerwehr Ausbildungszentrum (ifa) in Balsthal. Die ausgebildeten Führungspersonen haben wiederum die Aufgabe, ihre Mannschaft im Übungsbetrieb mittels Lektionen und Übungen einsatzbereit zu halten. Für eine erwachsenengerechte Ausbildung, werden ab Stufe Wachtmeister neben dem Einsatztaktischen Wissen auch insbesondere methodische und didaktische Kenntnisse vermittelt, welche im Reglement Methodik/Didaktik (FKS, 2019) beschrieben sind.

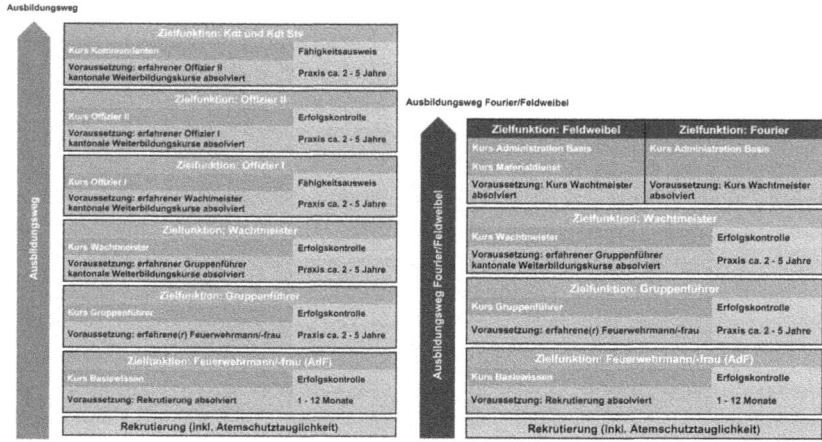

Abb. 2.2 Ausbildungsweg gemäss Kommandoakten Kanton BL & BS (FWI, 2022)

2.3 Anforderungen an die Führung im Feuerwehrdienst

Die verschiedenen Leistungsbereiche in der Feuerwehr (vgl. Abschn. 2.1) erfordern angepasste Führungsstile. Zum einen stellen Einsätze (unter enormen Zeitdruck und verschiedenartigen sowie dynamisch entwickelnden Gefahrensituationen) eine hohe Belastung dar. Schadenlagen sind, trotz zu Beginn oft lückenhaften Informationen/Grundlagen, richtig zu erfassen und zu beurteilen. Darauf basierend müssen mit den vorhandenen Mittel verantwortungsvolle Entscheide getroffen werden. Die Wirkung der Entscheide und des eigenen Handelns müssen dabei ständig kontrolliert und gegebenenfalls angepasst werden (Burke, 1997; Evans, 2019; Tissington & Watt, 2019). Mit stets veränderlichen Schadenlagen gibt es den «Routinefall» bei Einsatzorganisationen nur selten. Erlerntes Grundlagenwissen zum Feuerwehrhandwerk muss anhand der Situation angepasst werden können, weshalb es wichtig ist, die Kompetenzen diesbezüglich zu betrachten und diese zu fördern (Blanckmeister, 2020; Haas, 2020).

Vergleichbare Situationen gibt es in anderen Einsatzorganisationen wie dem Militär, der Polizei und Sanität (Hofinger, 2014). Führung in Stäben, insbesondere im Militär und bei der Polizei, sind gut erforscht. Die Schwierigkeit liegt aber in der Übertragung auf das milizorganisierte Feuerwehrwesen. So sind

2.3 Anforderungen an die Führung im Feuerwehrdienst

Tab. 2.2 Anforderungen im Leistungsbereich ESit (aus diversen Studien)

Anforderung	Studieninhalt	Kontext	Quelle
Entscheidungsprozess in (zeit)kritischen Situationen bei geringverfügbaren Informationen	Entscheidungsformen & -zeitpunkte, Informationsbeschaffung, Führungsrhythmus	London Fire Brigade (UK) und weitere Studien zur Einsatzleitung	(Burke, 1997), (Evans & Steptoe-Warren, 2019)
Unter Stress: Entscheidungsprozess, Informationsbeurteilung, eintrainierte Abläufe	Entwicklung von Führungspersonal zu Entscheidungen in Stresssituationen	Wildland Firefighters (USA), Einsatzanalyse des South Canyon Fire 1994	(Useem et al., 2005)
Entscheidungen im Einsatz, Ruhe bewahren in Krisen, Situationsbeurteilungen, Kommunikation, Delegieren, Teamwork	Führungskompetenzen, Vergleiche mit der Navy und Polizei	Auftragsstudie der Offshore Safety Division of the UK Health & Safety Executives	(Flin & Slaven, 1995)
Unter Stress: Kognitive Fähigkeiten, rationale Wahrnehmung, Beurteilung und Entscheidung, Intuition	Entscheidungen treffen unter Stress bei Einsatzleitungen	Minnesota Fire Department (USA), Führungsrhythmus, Studie zu Entscheidungen	(Gasaway, 2007)
Systemkomplexität, Intransparenz, Eigendynamik und Irreversibilität. Entscheidungen unter Unsicherheit und Zeitdruck	Beschrieb von Entscheidungen in komplexen Situationen, Probleme und Lösungsansätze	Einsatzorganisationen, Polizeiwissenschaft	(Hofinger, 2014)

beispielsweise beim Militär die zu bewältigenden Ereignisse um einiges grösser, die zeitliche Einsatzdauer länger und die notwendige Stabsorganisation entsprechend umfangreicher (Golecki, 2020). Sie basieren auf beruflich bzw. vollamtlich organisierten Strukturen, womit die Vergleichbarkeit am ehesten mit Berufs- und Betriebsfeuerwehren gelingt. Die Tab. 2.2 zeigt eine Literaturauswahl, die einen konkreten Bezug zur Feuerwehr hat und Anforderungen im Leistungsbereich der Einsätze beschreibt. Dabei liegt deutlich erkennbar der Fokus auf Entscheidungsprozesse unter Stress und in komplexen Situationen.

Tab. 2.3 Anforderungen bei der Führung im Bereich EBe bzw. ausserhalb ESit (aus diversen Studien)

Anforderung	Studieninhalt	Kontext	Quelle
Aufrechterhaltung der Einsatzbereitschaft, Verfügbarkeit und Ausbildung	Aufgabenbereiche, Funktionen, Ausbildung und zeitliche Verfügbarkeit (Freiwilligentätigkeit)	Freiwillige Feuerwehr in Grossbritannien und Vergleich mit Nordamerika	(McCaffrey, Senior Divisional Officer Brendan, 2003)
Transformationale Führung	Führungsstil ausserhalb von Stresssituationen	Feuerwehren in den USA	(Kupietz, 2010)
Gewissenhaftigkeit als wichtige Persönlichkeitseigenschaft	Relevanz der Big-Five Persönlichkeitseigenschaften in Bezug zu Leistung im Job	Meta-Analyse zu Job Performance bei Managern, Polizei, Verkäufer	(Barrick & Mount, 1991)
Eigenantrieb, Führungswille, Ehrlichkeit und Integrität, Selbstvertrauen, kognitive Fähigkeiten, Kontextwissen	Welche Eigenschaften sind relevant und förderlich für gute Führung	Leadership und Management	(Kirkpatick & Locke, 1991)

Ausserhalb von Einsätzen fallen die Stressfaktoren grösstenteils weg. Lektionen und Übungen werden beispielsweise nicht befohlen, sondern nach methodischen-didaktischen Grundsätzen der Erwachsenenbildung gegeben. Ebenso steht die Qualität bei der Materialwartung zur Funktionstüchtigkeit des Einsatzmaterials über der Schnelligkeit. Diese und weitere administrative Aufgaben lassen somit eher einen Vergleich mit dem beruflichen Arbeitskontext zu, z. B. zur transformationalen Führung (Carter, 2007; Kehe & Wölfel, 2020). Zahlreiche Forschungen zu Führung und Leadership aus dem beruflichen Umfeld haben ihren Gültigkeitsbereich somit im Leistungsbereich der Einsatzbereitschaft. Die Tab. 2.3 zeigt Literaturen auf, welche bei Einsatzorganisationen Bezug zu erfolgreichem Führungsverhalten in Bereichen ausserhalb von Stresssituationen nehmen.

Die Angaben in den Tab. 2.2 und 2.3 stammen aus diversen Dissertationen, feuerwehrspezifischen Fachartikeln und verwandter Fachliteratur. Der Bezug ist zumeist auf berufsorganisierte Feuerwehren oder Einsatzorganisationen. Die Miliztätigkeit, mit der professionellen Erwartungshaltung aber den zeitlich begrenzten Ressourcen lässt somit nur bedingt einen direkten Vergleich mit berufsbezogenen Studien zu, auch wenn sie zumindest als Orientierung dienen könnten. Eine Vertiefung von wissenschaftlichen Studien zur Validität der Übertragbarkeit auf milizorganisierte Feuerwehren wäre noch zu tätigen (Evans, 2019; Rogers, 2002).

Theorie zur Personaldiagnostik 3

3.1 Thematische Einordnung und Begriffserklärung

In der Personaldiagnostik gibt es verschiedene Ansatzpunkte und Ziele, welche verfolgt werden können (s. Abb. 3.1). Für die Feuerwehr sind hauptsächlich die Personalauswahl wie auch die Personalentwicklung relevant.

Die Wichtigkeit von geeignetem Kaderpersonal in der FW zeigt der Abschn. 2.3 bereits deutlich auf. Aus der Miliztätigkeit (s. Abschn. 2.2.1) kommt der Aspekt hinzu, dass nicht auf dem freien Arbeitsmarkt Personal in den verschiedenen Kaderstufen gesucht werden kann, sondern aus einer begrenzten Grundrate (aus dem Mannschaftsverband) stufenweise ausgewählt und ausgebildet werden muss. Somit hat die Personalauswahl eine wichtige Bedeutung (Uwe Peter Kanning, 2019). Was hingegen ein Vorteil der milizorganisierten Feuerwehren ist, sind die grundsätzlich eigenmotivierten AdF, welche den Dienst aus verschiedenen Gründen freiwillig leisten wollen (Ketterer et al., 2015; Wenzel et al., 2012). Sie sind interessiert und zeigen nebst Engagement eine hohe Leistungs- und Lernbereitschaft. D. h. werden potenziell geeignete AdF erkannt, so ist es über das Kurswesen grundsätzlich möglich, jede dieser Personen weiterzuentwickeln (Hess et al., 2020). Deshalb wird in diesem Buch der Fokus auf die Personalauswahl gelegt.

Die Personalauswahl ist eine anspruchsvolle Aufgabe. Von Praktikern bestehen oft Bestrebungen, die Personalauswahlverfahren möglichst einfach zu halten (Gourmelon, 2009; Uwe P. Kanning, 2015). Die Wissenschaft legt hingegen grossen Wert auf die Qualität der Gütekriterien und erzeugt dabei anspruchsvolle Verfahren. In diesen Bandbreiten bewegen sich die meisten Forschungsarbeiten zu Personalauswahlverfahren (Anderson et al., 2001). Ziel soll es darum sein,

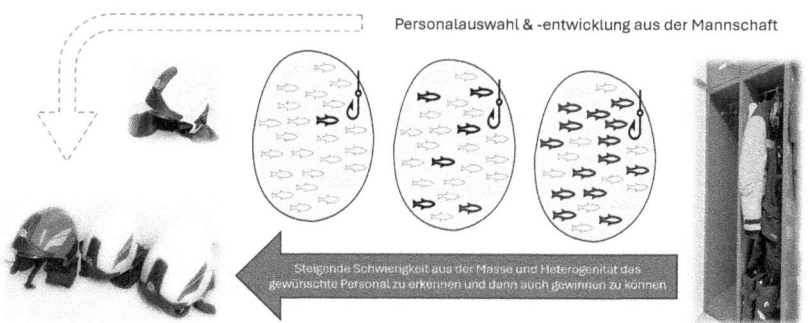

Abb. 3.1 Bedeutung von Personalauswahlverfahren & Personalentwicklungen

einen pragmatischen Weg zu finden, welcher sowohl den Anforderungen der Organisation sowie auch dem Personal genügt (Rosenstiel, 2004). Damit sollen Defizite in der Personalauswahl vermieden werden (s. Abb. 3.2).

Wichtigste Voraussetzung und ein erster Schritt für die Personalauswahl und -entwicklung ist es, gleichermassen zu wissen, wie die Aufgaben lauten und welche Anforderungen die Leute erfüllen müssen (Hess et al., 2020; Uwe Peter Kanning, 2019). Somit bildet die Basis jeder Personaldiagnostik eine Anforderungsanalyse (s. Abschn. 3.2), in der die erforderlichen Kompetenzen beschrieben werden (s. Abschn. 3.3). Der nächste Schritt besteht darin, diese mit geeigneten messdiagnostischen Verfahren zuverlässig anhand der Gütekriterien zu messen (s. Abschn. 3.4).

3.2 Anforderungsanalyse – Methode zur Ableitung erforderlicher Kompetenzen

Bei der Anforderungsanalyse werden zwei Formen unterschieden, die Merkmalkategorien und die Merkmaldimensionen. Die Merkmalkategorien sind formale Punkte wie Qualifikationen und kennen zwei Zustände, wie beispielsweise Diplom vorhanden/nicht vorhanden. Die Merkmaldimensionen sind schwieriger zu bestimmen, da diese unterschiedlich stark geprägt vorhanden oder nicht vorhanden sein können, z. B. auf einer Skala von (…) bis (…). Ziel der Anforderungsanalyse ist es, dass gesuchte Stellenprofil über Merkmalkategorien und Merkmaldimensionen zu formulieren, zu denen die passende Person gesucht wer-

3.2 Anforderungsanalyse – Methode zur Ableitung …

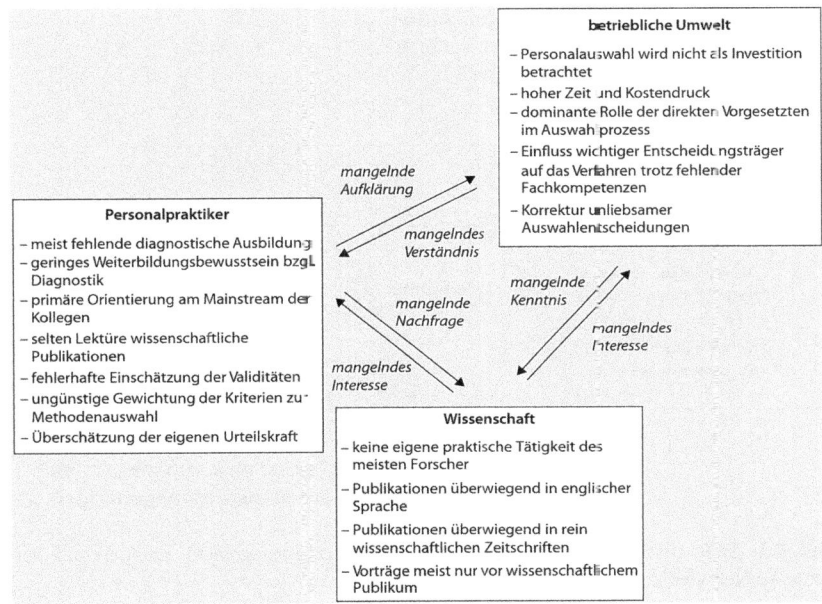

Abb. 3.2 Zentrale Ursachen für Defizite bei der Personalauswahl (Uwe Peter Kanning, 2015)

den soll (Uwe P. Kanning, 2015; Uwe Peter Kanning, 2019). Dieses Buch konzentriert sich auf die Merkmaldimensionen.

Die Anforderungsanalyse betrachtet zwei Perspektiven, einerseits die Sicht der Organisation und andererseits diejenige des Personals (Höft & Schuler, 2014). Die Organisation verfolgt mit ausformulierten Zielen einen Top-Down Ansatz, zu deren Erreichung die Personen die notwendige Leistung erbringen müssen. Die Anforderungen, in Form von messbaren Resultaten und in beobachtbaren Verhalten, können bezogen auf Personen in dazu erforderlichen Kompetenzen formuliert werden. Mit dem Bottom-Up Ansatz können andererseits Personen Kompetenzen mitbringen, welche ihnen ermöglichen gewisses Verhalten zu zeigen und daraus Resultate zu erbringen. Im Idealfall gibt es aus beiden Perspektiven eine Passung. Abb. 3.3 stellt dies für die Feuerwehr dar.

Die Anforderungsanalyse hat letzten Endes zum Ziel, angeben zu können «Was» zu messen und zu beurteilen ist. Die Feuerwehr hat die Spezialität, dass

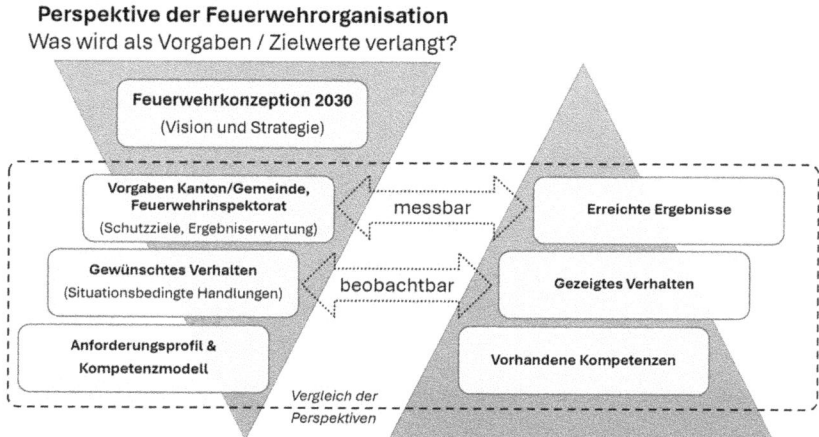

Abb. 3.3 Theoretisches Rahmenmodell zum Kompetenzmanagement adaptiert auf den Bereich Feuerwehr

ihre Leistung erst in einem Alarmierungsfall abgerufen wird und diese von Einsatz zu Einsatz anders aussehen kann. Somit lassen sich nur wenige messbare Kenngrössen über alle Ereignisfälle definieren. Der Fokus liegt stärker auf dem beobachtbaren Verhalten der Personen, was sie wie erledigen.

Die Anforderungen geben vor, was die Personen mit ihrem Verhalten zu erbringen haben. Dieser Top-Down Ansatz erfolgt in der Grafiklinks (Abb. 3.4). Die von jeder Person mitgebrachten Kompetenzen wiederum ergeben, was sie im Stande ist zu leisten. Dieser Bottom-Up Ansatz ist in der Darstellung rechts abgebildet. Beide Ansätze stellen das Verhalten ins Zentrum der Betrachtung. D. h. in Bezug auf die Feuerwehr sind beobachtbare Verhalten zu beurteilen, welche in beiden Leistungsbereichen Einsatzsituation (ESit) und Einsatzbereitschaft (EBe) vorkommen.

Die Anforderungsanalyse kann nach Theorie mit drei unterschiedlichen Vorgehensweisen durchgeführt werden. Zwei davon werden näher erläutert, die intuitive Methode (s. Abschn. 3.2.1) und die personenanalytische Methode (s. Abschn. 3.2.2). Auf die arbeitsplatzbezogenen Methode wird hier nicht weiter eingegangen, da standardisierte Produktions- oder Bürotätigkeiten mit den Feuerwehrdienst wenig vergleichbar sind (Uwe Peter Kanning, 2019; Kern, 2020; Mistele, 2007).

3.2 Anforderungsanalyse – Methode zur Ableitung ...

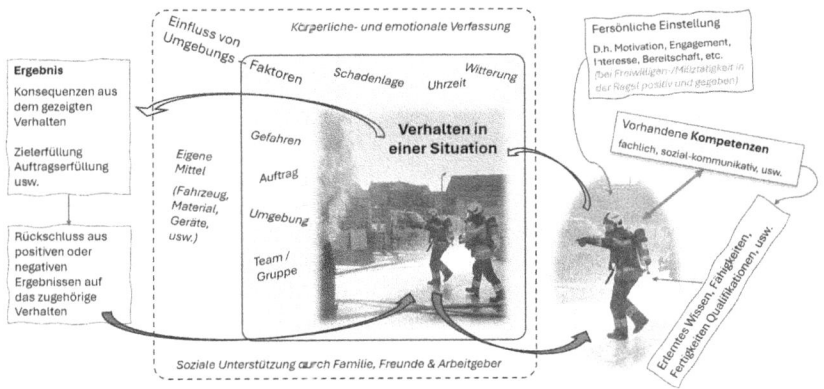

Abb. 3.4 Rückschlüsse auf Kompetenzen über Verhaltensbeobachtungen in konkreten Situationen

3.2.1 Intuitive Methode

Bei der intuitiven Methode kommt keine aufwendige Diagnostik zur Anwendung (Uwe P. Kanning, 2015; Uwe Peter Kanning, 2019). Das beobachtete Verhalten und die Ergebnisse daraus werden nach Augenschein, persönlichem Wissen und Erfahrungen (meist durch Experten oder fachkundiges Personal) eingeschätzt. Dokumentiert wird in der Regel allerdings nur das Resultat, nicht der Entscheidungsprozess selbst. Ein grosser Vorteil dieser Methode ist der geringe Aufwand. Die erzielte Qualität der vorgenommenen Beurteilung hängt allerdings sehr stark von der Fachkompetenz und der Erfahrung der analysierenden Personen ab. Die Akzeptanz der Auswahlentscheidungen beruht somit auf dem Vertrauen in eine fachliche und faire Beurteilung (Stock-Homburg & Groß, 2019). Weiter können viele Verzerrungen unser Beurteilungsvermögen nachteilig beeinflussen. Damit sind subjektive Wahrnehmungen gemeint, welche aufgrund persönlicher Erfahrungen, Erinnerungen, Einstellungen, Charaktereigenschaften, etc. geprägt sind. D. h. die Menge an Informationen (z. B. aus Beobachtung) werden unterschiedlich gefiltert wahrgenommen und erhalten je nach individueller Prägung und Erwartungshaltung verschieden gewichtete Aufmerksamkeit, Beurteilung, etc. Auch die Urteilsbildung durch Gruppenkonsens ist kein Garant für ein besseres Resultat. Die unterschiedlichen Bezugsrahmen jeden Gruppenmitgliedes sowie gruppendynamische Effekte, wie beispielsweise Teamrollen, Hierarchie, etc., können mögliche Verzerrungen nicht gänzlich ausschliessen (Uwe P. Kanning, 2015; Uwe Peter Kanning, 2019). Personalentscheide in der Feuerwehr finden vornehmlich durch die Beurteilung der einzelnen Führungsmitglieder und dem späteren Gruppenkonsens statt (s. Abschn. 2.2.2).

Positiv anzumerken ist, dass die Führungsmitglieder im Rang vom Offizier oder Wachtmeister sämtliche Kaderstufen selbst durchlaufen haben (s. Abschn. 2.2.3). Sie verfügen somit über entsprechende fachliche Ausbildungen und langjährige Feuerwehrerfahrung, um der intuitiven Methode entsprechend als Experten eine Beurteilung vornehmen zu können. Trotzdem bleiben die genannten Nachteile aus möglichen Verzerrungen und oftmals fehlender Dokumentation von Entscheiden, d. h. ein systematisches und transparentes Vorgehen fehlt. Deshalb untersucht die MAS Thesis ob es möglich ist, mit akzeptablem Mehraufwand eine Professionalisierung vorzunehmen. Dies um mehr Struktur in Personalentscheide zu bringen und diese nachvollziehbar und transparent zu dokumentieren (Kern et al., 2020; Ketterer et al., 2015).

3.2.2 Personenanalytische Methode

Bei der personenanalytischen Methode soll das Verhalten, das zur Handlung führt, identifiziert werden. Über das Verhalten sollen Rückschlüsse auf die zugrunde liegenden Kompetenzen gemacht werden können. Die Critical Incident Technique (CIT) nach Flanagan (1954) ist eine Möglichkeit der personenanalytischen Methode und wurde nach dem zweiten Weltkrieg in den USA entwickelt. Dabei wurden erfahrene Air Force Piloten befragt, welche Verhalten in spezifischen Situationen zu einem Erfolg oder Misserfolg führten. Konzeptionell kann das Vorgehen folgendermassen beschrieben werden. Es werden beobachtete Verhalten aus unterschiedlichen kritischen/relevanten Situationen A, B, C, (…) erfasst und aus den Gemeinsamkeiten in positive oder negative Verhaltensweisen geordnet. Mit den gewünschten Anforderungsdimensionen als Basis können die gesammelten Verhaltensweisen verglichen und analysiert werden. Daraus können letztlich dann Schlussfolgerungen auf notwendiges Wissen, Fähigkeiten, Qualifikationen und die zugrunde liegenden Kompetenzen gezogen werden (Erpenbeck, 2010; Uwe Peter Kanning, 2019).

Auch bei der CIT Methode werden retrospektiv subjektive Wahrnehmungen durch die Erzählenden wiedergegeben und unterliegen so verschiedenen Verzerrungen (Harrison, 2015; Uwe Peter Kanning, 2019). Trotzdem gehört die CIT zu den etabliertesten Methoden, da sie sehr realitätsbezogen die konkret im jeweiligen Umfeld relevanten Verhalten über daraus resultierenden Ergebnissen hervorbringt, und kann deshalb in vielen Bereichen Verwendung finden (Uwe P. Kanning, 2015; Uwe Peter Kanning, 2019; Leitch, 2015).

3.2.3 Personalauswahl

Die Anforderungsanalyse ist notwendig, um zu erkennen, welche Verhalten relevant für die Erfüllung der Anforderungen sind (Top-Down). Ein Vergleich braucht gleiche Messgrössen. Die Person selbst muss somit in einem vergleichbaren Bezugsrahmen definiert werden können (Bottom-Up). Deshalb wird im Abschn. 3.3 näher auf die Kompetenzen eingegangen.

3.3 Kompetenzmodelle – Wissenschaftliche und praxisbezogene Ansätze

3.3.1 Begriffserklärung

Eine Schwierigkeit vorweg: Eine einheitlich anerkannte Umschreibung des Kompetenzbegriffs gibt es bis heute nicht (Höft & Goerke, 2014). Allerdings führen die zahlreichen Forschungen und Studien im deutschen und angelsächsischen Raum zur Annäherung einer gleichen Auffassung (Erpenbeck et al., 2017; Stevens, 2013). So werden Kompetenzen als Fähigkeiten zum selbstorganisierten Handeln angesehen (Erpenbeck et al., 2017). D. h. Kompetenzen sind nicht direkt messbar, sondern werden über das Verhalten beobachtbar (Höft & Goerke, 2014).

Im alltäglichen Sprachgebrauch umschliessen Kompetenzen oftmals gebräuchliche Begriffe wie beispielsweise Wissen, Fertigkeiten und Qualifikationen. Führungsaufgaben gehören dabei zu den komplexen Aufgaben, da sie eher abstrakt sind, d. h. absichtsformuliert ausgerichtet sind oder als Auftrag in eine Klasse von Arbeitsaufgaben eingeteilt werden. Sie bestehen eher selten aus einzelnen oder konkreten Aufgaben, welche sich in exakt gleicher Weise wiederholen. Beispielsweise erhält ein Gruppenführer vom Einsatzleiter einen Auftrag (=Führungsaufgabe), mit Absuchen eines verrauchten Erdgeschosses unter Atemschutz (=Absicht). Diese Aufgabe und das Vorgehen kann je nach Gebäude, Schadenlage, etc. immer wieder anders aussehen. Aber die einzelnen Aufgaben innerhalb vom Trupp, z. B. Rohrführer holt Strahlrohr, Unterstützer holt Druckschläuche, etc. sind einzelne, konkrete und wiederholend gleiche Aufgaben.

Weitere Begriffe aus Abb. 3.3 wie Einstellung, Motivation, usw. sind ebenso Bestandteile der Kompetenzen (Höft & Goerke, 2014). Trotz zahlreichen Versuchen, die verschiedenen Begrifflichkeiten rund um die Kompetenzen zu gruppieren und/oder zu gewichten, ist ein Durcheinander von Ausdrücken entstanden, welche umgangssprachlich synonym verwendet werden (Erpenbeck et al., 2017). Das Buch orientiert sich an die Definition aus den Publikationen von Erpenbeck (Erpenbeck, 2010; Erpenbeck et al., 2017). Dabei stellen Fähigkeiten erlernte Kompetenzen dar, deren Vorhandensein eine Handlung auslösen kann und das Lösen von Aufgaben ermöglichen. Somit kann Wissen als eine Form der geistig ausgeübten Fähigkeit und die Fertigkeit als physisch ausgeübte Fähigkeit angesehen werden.

Bei Persönlichkeitseigenschaften handelt es sich um individuelle Charaktereigenschaften und Wertehaltungen, z. B. den Big-Five, welche sich in den frühen Lebensphasen ausbilden und relativ zeitstabil sind (Erpenbeck, 2010). Im Gegensatz zu erlernbaren Fähigkeiten sind diese schwieriger formbar, weshalb sie bei der Kompetenzbetrachtung eine Rolle spielen.

Aus den vielzähligen Kompetenzen einer Person sind die daraus Relevanten für den Feuerwehrdienst zu ermitteln und eine systematische Zuordnung in ein Kompetenzmodell erforderlich.

3.3.2 Einordnung der Kompetenzmodelle

Um die verschiedenen Kompetenzmodelle, und deren Eignung abhängig vom Anwendungsgebiet, in einem Raster zu systematisieren und vergleichbar zu machen, wurden verschiedene Dimensionen entwickelt. Anhand dieser können sie in moderne Kompetenzmess- und Erfassungsverfahren eingeordnet werden (Erpenbeck et al., 2017). Diese umfassen Kompetenztypen, -klassen, -gruppen, -dynamiken und -beobachtungsformen. Die beiden ersten sind für das Buch relevant und werden daher kurz erläutert.

Die Kompetenztypen können in einfach umrissene Aufgaben (Typ I) oder unvorhersehbare Situationen und damit vielseitigen Aufgaben (Typ II) unterteilt werden.

Kompetenzklassen, oft als Grundkompetenzen bezeichnet, gehen auf Handlungsdispositionen ein und werden unterschieden nach *Personale Kompetenzen* (P), *Aktivitäts- und umsetzungsorientierte Kompetenzen* (A), *Fachlich-methodische Kompetenzen* (F) und *Sozial-kommunikative Kompetenzen* (S).

3.3.3 Kompetenzmodell der Feuerwehrkoordination Schweiz (FKS)

Das Reglement Einsatzführung[1] (FKS, 2022b) geht auf die Führungsabläufe in Einsätzen sowie auf die dazu notwendigen Kompetenzen ein und bildet somit die Grundlage für Anforderungen an das Kaderpersonal im Feuerwehrwesen. Der Fokus liegt auf der Einsatztaktik/-führung und trägt den diversen Anforderungen und veränderlichen Schadenereignissen in der Feuerwehr Rechnung. Darin formuliert ist auch das Kompetenzmodell der FKS (in der Studie als «FKS-KM» abgekürzt), mit den Grundkompetenzen: Fach-, Sozial- und Selbstkompetenz (s. Abb. 3.5). Die Handlungskompetenz, als umfassende dargestellt, symbolisiert den

Abb. 3.5 Die Grundkompetenzen nach dem FKS-Kompetenzmodell (FKS-KM) aus dem Reglement Einsatzführung (FKS, 2022b)

---

[1] In etwa vergleichbar mit dem FwDV 100 (Deutschland) und dem Heft 122 (Österreich).

Schritt von der Fähigkeit zur Handlung selbst. Im Begriff Kompetenz sieht das Reglement zwei Bedeutungen: einerseits das Vermögen einer Person zu Handlungen und anderseits die Befugnis/Zuständigkeit im Sinne einer Qualifikation (s. Abschn. 3.3.1).

Das Reglement nimmt deutlichen Bezug zur Einsatzleitung ohne weitere Hinweise zu anderen Kaderfunktionen oder dem Leistungsbereich der Einsatzbereitschaft (z. B. Ausbildungs- und Übungsbetrieb).

Das Kompetenzmodell der FKS gibt keine Quellen mit wissenschaftlichem Bezug an, weshalb bezüglich den Gütekriterien keine Aussage gemacht werden kann und eine Zuordnung in das Kompetenzraster nicht möglich ist. Die MAS Thesis verwendet deshalb ein weiteres Kompetenzmodell, welches sich anhand dem Kompetenzraster (mit den Bedürfnissen der FW) eignet, wissenschaftlich etabliert ist und vergleichbar mit demjenigen der FKS ist (s. Abschn. 3.3.4 und 3.3.5).

3.3.4 Kompetenzmodell – KODE®

KODE® steht für *Ko*mpetenz-*D*iagnostik und -*E*ntwicklung und ist ein objektivierendes Einschätzungsverfahren, das mittels Fragebogen eine Kompetenzausprägung angibt (Heyse & Erpenbeck, 2010). Die Betrachtung kann unter normalen, unproblematischen Bedingungen geschehen, aber auch unter belastenden Bedingungen wie Stress und Problemdruck. Das Kompetenzmodell hat bereits Anwendung in Einsatzorganisationen wie Militär und Polizei gefunden (Heyse, 2017). Als Zielsetzung ermittelt KODE® das Ausprägungsverhältnis einer Person bezüglich den Grundkompetenzen, welche zusätzlich noch differenzierter in Teilkompetenzen unterteilt werden. Im KODE®-KompetenzAtlas©[2] wird ein Raster mit logischer Anordnung der Grund- und Teilkompetenzen beschrieben. Basierend auf den 64 Schlüsselkompetenzen, welche in Teilkompetenzen gruppiert werden, können die Grundkompetenzen über je 16 Schlüsselkompetenzen abgebildet werden.

Bezüglich den wissenschaftlichen Gütekriterien bewegt sich KODE®, wie andere Kompetenzmessverfahren auch, im Bereich der qualitativen Sozialforschung, welcher Schwierigkeiten bei der Nachweisführung bezüglich der

---

[2]Aufgrund des rechtlichen Copyright-Schutzes muss auf die Darstellung des Rasters mit den 64 Schlüsselkompetenzen verzichtet werden. Es wird deshalb auf die entsprechende Literatur verwiesen.

3.3 Kompetenzmodelle – Wissenschaftliche und praxisbezogene Ansätze

Objektivität, Reliabilität und insbesondere Validität bekundet. Dennoch kann über zahlreiche Studien nachgewiesen werden, dass dieses Kompetenzmodell verlässliche Aussagen bezüglich Einschätzung und Entwicklung von Kompetenzen gibt. Insbesondere in der sozialen Validität und Akzeptanz, einem Subkriterium der Validität, werden sehr gute Ergebnisse erzielt (Heyse & Erpenbeck, 2010).

Mit Anwendungsgebiet in Einsatzorganisationen, der Erfassung komplexer Aufgabenbereiche und der qualitativen Erfassungsmethodik, eignet sich KODE® mit dem KODE®-KompetenzAtlas© als wissenschaftlich etabliertes Kompetenzmodell zu demjenigen der FKS und soll für die Studie 1 herangezogen werden.

3.3.5 Vergleich FKS-KM und KODE®-KompetenzAtlas©

Die Tab. 3.1 macht deutlich, dass die Grundkompetenzen beider Kompetenzmodelle eine hohe Ähnlichkeit aufweisen. Der KODE®-KompetenzAtlas© unterteilt die Grundkompetenzen aber noch differenzierter, wodurch sich beobachtete Verhalten besser zuordnen lassen. Entsprechend erfolgte die Kodierung der Experteninterviews aus der Studie 1 mit dem KODE®-KompetenzAtlas©, wobei die Namensgebung der Grundkompetenzen aus dem Kompetenzmodell der FKS verwendet wird. Die Vergleichbarkeit der Kompetenzmodelle wurde a priori vorausgesetzt und in der Studie 1 bestätigt (s. Abschn. 4.3.1).

Da Kompetenzen nicht trennscharf sind, gibt es Überschneidungen und Zuordnungsschwierigkeiten. Je größer die Kategorien zusammengefasst werden,

Tab. 3.1 Gegenüberstellung der Begriffe aus FKS-KM und KODE®-KompetenzAtlas©

FKS-KM		KODE®-KompetenzAtlas©		
Grundkompetenzen	Unterteilung	Grundkompetenzen	Kompetenzkombinationen	64 Schlüsselkompetenzen
Fachkompetenz	keine	Fach- & Methodenkompetenz	F, F/A, F/P, F/S	16 x (Fachwissen, …)
Handlungskompetenz		Aktivitäts- & Handlungskompetenz	A, A/P, A/S, A/F	16 x (Initiative, …)
Selbstkompetenz		Personale Kompetenz	P, P/S, P/F, P/A	16 x (Loyalität, …)
Sozialkompetenz		Sozial-kommunikative Kompetenz	S, S/P, S/A, S/P	16 x (Pflichtgefühl, …)

desto stärker sind diese. Um dem begrifflichen Dilemma bei überschneidenden Kompetenzen zu begegnen, spricht die MAS Thesis von «Grundkompetenzen» (z. B. Sozialkompetenz [S], inkl. S/P, S/A, S/P) und «Anteilen aus anderen Grundkompetenzen» (z. B. mit Anteil an Sozialkompetenz P/S, A/S, F/S).

3.4 Diagnostische Verfahren zur Kompetenzbeurteilung

Mit der Anforderungsanalyse wird die Frage geklärt, «Was» die gestellten Anforderungen sind und welche Kompetenzen dazu benötigt werden. Darauf folgen die Fragen, «Womit und Wie» diese Kompetenzen bei Personen gemessen werden sollen. In der Literatur werden fast ausschliesslich berufliche Einsatzorganisationen untersucht (s. Tab. 3.2). Die darin aufgeführten Studien gehen mehrheitlich in Richtung Fragebogen und Assessmentcenter, in welcher die strukturierte Verhaltensbeobachtung ein zentraler Stellenwert einnimmt. Diese Methoden stellen jedoch für Milizfeuerwehren einen (zu) hohen Aufwand dar und bedingen zudem fundierte Kenntnisse in der Personaldiagnostik, welche nicht überall vorausgesetzt werden können (Ketterer et al., 2015; Lülf, 2018). Dies erklärt die Beliebtheit der intuitiven Methode, in der oftmals nur der Personalentscheid dokumentiert wird. Die Literaturrecherche zeigt weiter auf, dass die Personalauswahl in freiwilligen Feuerwehren noch wenig untersucht ist (Flin & Slaven, 1995; Rogers, 2002).

Auch milizorganisierte Feuerwehren müssen sich mit dem gesellschaftlichen Wandel weiterentwickeln. Nebst Anpassungen von Strukturen werden auch Entwicklungen in personellen Kompetenzen als Forschungsfelder bei Einsatzorganisationen gesehen (Kern et al., 2020). Die steigenden Anforderungen führen auch hier zu einer Entwicklung in Richtung höherer Professionalisierung (Ketterer et al., 2015). Bezogen auf die Personalauswahl und -entwicklung ist deshalb das bisherige Handeln zu prüfen.

3.4 Diagnostische Verfahren zur Kompetenzbeurteilung

Tab. 3.2 Methoden zur Personalauswahl in der FW (aus vergleichbaren internationalen Studien)

Auswahlmethode	Studienmethode	Kontext & Quelle
Assessment Center	Verhaltensbeobachtungen ermittelt mit qualitativen Interviews aus kritischen Entscheidungen in ausgewählten Situationen	London Fire Brigade (UK, Berufsfeuerwehr), (Burke, 1997)
Assessment Center	Identifizierung relevanter Kompetenzen für das Selektieren und ausbilden von Einsatzoffizieren, Analyse von Selektionsprozessen mittels Literaturrecherche & halbstrukturierten Interviews	Auftragsstudie der Offshore Safety Division of the UK Health and Safety Executives, (Flin & Slaven, 1995)
Mittels Fragebogen validierte Verhaltensbeobachtungen	Studie zur Relevanz & Validität von Kriterien bei Einstellungstest zur Berufsfeuerwehr, aus Dokumentenanalyse & halbstrukturierten Interviews	Berufsfeuerwehr Neuseeland, Rekrutierung von Feuerwehrpersonal, (Wright & O'Driscoll, 2009)
Leistungstest mittels Fragebogen	Analyse von Selektionsmethoden/-test bei der Polizei mit möglicher Übertragung auf Feuerwehrorganisationen	Polizei, (Barrett et al., 1999)
Leistungstests & 360°-Feedback Fragebogen	Erkennen von relevanten Führungskompetenzen bei FW Kaderpersonal, Vergleich zweier Auswahlmethoden	Dissertation, Studie bei San Antonio Fire Department (USA, Berufsfeuerwehr), (Rogers, 2002)
Training/Übung zur Personalentwicklung	Dokumentenanalyse, halbstrukturierte deduktiv geleitete Interviews, ermitteln von Aufgabenbereichen, Funktionen und erlernen von Kompetenzen	Freiwillige Feuerwehr in Grossbritannien im Vergleich zu Nordamerika, (McCaffrey, Senior Divisional Officer Brendan, 2003)
	Analyse des Einsatzrapportes (Dokumentenanalyse) hinsichtlich Verhaltensbeobachtungen bei kritischen Entscheidungen mit den resultierten Konsequenzen	Wildland Firefighters (USA, Berufsfeuerwehr), Einsatzanalyse des South Canyon Fire 1994, (Useem et al., 2005)
	Verhaltensbeobachtungen und -beschriebe zur Analyse relevanter Faktoren für effektive Führung, aus Interviews mittels CIT	The Leadership Quarterly, Führung in kritischen Missionen, (DeChurch et al., 2011)

Studie 1 – Anforderungsanalyse bei milizorganisierten Feuerwehren im Kt. BL

4.1 Forschungsrahmen

Die vielseitigen Herausforderungen an die heutigen Feuerwehren stellen insbesondere hohe Anforderungen an das Kaderpersonal. Sie übernehmen Verantwortung für ihre Leute in Einsätzen und sorgen an Übungen für die notwendige Einsatzbereitschaft. Der Grossteil der Schweizer Feuerwehren ist nach dem Milizsystem organisiert (FKS, 2022a). D. h. der Mannschaftsverband besteht aus einer begrenzten Anzahl heterogen gemischter Leute, welche den Dienst aus eigenmotivierten Gründen nebenamtlich leisten. Ausser der medizinischen Tauglichkeitsprüfung gibt es bisher in den wenigsten Fällen weitere Eintrittstests. Entsprechend ist es wichtig, für die verantwortungsvollen Kaderpositionen die richtigen Personen zu evaluieren. Die Führungsmitglieder aus dem Kommando, müssen anhand dem, was sie an Übungen, Einsätzen und Anlässen sehen, eine Beurteilung vornehmen und entscheiden, wen sie für die kantonalen Beförderungskurse vorsehen. Jeder Personalentscheid beruht auf einer vorgängig durchgeführten Personaldiagnostik. Die wesentlichen zwei Bestandteile der Personaldiagnostik sind die Anforderungsanalyse und die valide sowie reliable Messdiagnostik. In einem ersten Schritt geht es darum, für die milizorganisierten Feuerwehren die relevanten Anforderungen herauszufinden.

Um die relevanten Kompetenzen im Feuerwehrdienst in Erfahrung zu bringen, werden diese über die Anforderungsanalyse ermittelt. Dazu wird ein qualitativer Forschungsansatz mit personenanalytischer Methode gewählt. Mittels sieben Experteninterviews, durchgeführt bei Feuerwehren im Kt. BL nach der Critical Incident Technique (CIT), soll das erfolgskritische Verhalten für Kaderpersonal in im Feuerwehrdienst ermittelt werden. Über die Zuordnung nach dem wissenschaftlich etablierten KODE®-KompetenzAtlas©, werden die relevanten

Verhaltensbeschriebe bezogen auf das Kompetenzmodell der FKS ermittelt, ausgewertet und Erkenntnisse daraus gewonnen.

Das Ziel ist es, die bestehende Methode der Verhaltensbeobachtung systematischer und transparenter zu gestalten. Dazu soll innerhalb dieser Studie ein Hilfstool entwickelt werden, um verhaltensbasiert die Kompetenzen messbar und reflektierbar zu machen. Die aufgelisteten Verhaltensbeschriebe repräsentieren jeweils Kompetenzen, welche die relevanten Anforderungen für das FW Kaderpersonal abbilden.

> **HINWEIS** Im vorliegenden Buch wird nur ein grober, aber nachvollziehbarer Beschrieb der Studie 1 aus der ausführlicheren MAS Thesis abgedruckt. Diese wurde von mehreren Professoren*Innen geprüft und von einem Fachgremium darüber hinaus ausgezeichnet. Entsprechend dürfen die Lesenden davon ausgehen, dass der wissenschaftlichen Forschungsmethodik mit den Gütekriterien und erfolgter Reflexion inkl. Limitationen Rechnung getragen wurde. Wer dennoch tiefer einsteigen möchte, wird auf die Originalarbeit verwiesen. Diese kann in der Bibliothek an der Fachhochschule Nordwestschweiz (FHNW) in Olten, beim Institut für angewandte Psychologie angesehen werden, oder auf Anfrage beim Autor selbst.

4.2 Methode

In der Studie 1 wurden halbstrukturierte, qualitative Interviews mit Experten durchgeführt und deskriptiv ausgewertet. Gewählt wurde ein deduktives Vorgehen.

(1) Zur Theoriebildung wurde in einem ersten Schritt mit der Triangulationsmethode von beiden Perspektiven (s. Abb. 3.3) auf die Anforderungen von Kaderpersonal in milizorganisierten Feuerwehren geblickt (Flick, 2020). Vonseiten Organisation wurde nach dem Top-Down Ansatz recherchiert, was innerhalb des schweizerischen Feuerwehrwesen und im Speziellen im Kt. BL an reglementarisch bindenden Grundlagen vorliegt (s. Kap. 2). Im erweiterten Literaturstudium wurden weitere Feuerwehrverbände und Länder betrachtet (s. Abschn. 2.3). Als zweite Perspektive wurde mit dem

4.2 Methode

Bottom-Up Ansatz die Person betrachtet. Dabei wird die Grundlage zur Personaldiagnostik ermittelt und die Basis für die Experteninterviews und deren Auswertung gelegt (s. Kap. 3).

(2) Im zweiten Schritt wurden die qualitativen Experteninterviews, nach wissenschaftlicher Methodik vorbereitet, durchgeführt, transkribiert und ausgewertet (s. Abschn. 4.2.1, 4.2.2 und 4.2.3).

(3) Im dritten Schritt wurde aus den ausgewerteten Ergebnissen (s. Abschn. 4.3) ein Prototyp eines Kadertools entwickelt (s. Kap. 5). Die Ausarbeitung dieses Tools hat einen weiteren Zweck. Über die Studie 2 (s. Kap. 6) kann so, nebst der Überprüfung des praktischen Nutzens und der Anwendungsorientierung auch die inhaltliche Validität der Studie 1 überprüft werden (Anderson et al., 2001; Steinke, 2000). Das ist wichtig, da die durchgeführten halbstrukturierten Interviews nach CIT (mit der Interrater-Subjektivität) nur eine begrenzte Durchführungsobjektivität erreichen kann (Flick, 1987; Steinke, 2007).

4.2.1 Konzept zum qualitativen Experteninterview

Der konzeptionelle Aufbau erfolgte grundsätzlich in 10 Schritten (Kaiser, 2021a). Aufgrund der begrenzten Zeitvorgabe im Rahmen der MAS Thesis wurden einige Schritte zusammengefasst und angepasst (s. Tab. 4.1).

Tab. 4.1 Umsetzungsschritte aus Konzept zu qualitativen Experteninterviews

Schritt	nach Kaiser (2021a)	In MAS Thesis umgesetzt
1	Erstellen Interviewleitfaden	Auswahl und Kontaktierung Interviewpersonen
2	Pre-Test der Interviewfragen	Erstellen Interviewleitfaden
3	Auswahl und Kontaktierung Interviewpersonen	Erstes Interview ist zugleich der Pre-Test
4	Durchführung Interview	
5	Protokollierung Interview	Audioaufnahme, Transkription
6	Sicherung der Ergebnisse	
7	Kodierung	Identifikation Kernaussagen
8	Identifikation Kernaussagen	Kodierung
9	~~Erweiterung Datenbasis~~	Kategorisierung, Auswertung
10	Theoriegeleitete Generalisierung und Interpretation	

Im Rahmen der MAS Thesis konnte nur eine begrenzte Anzahl Interviews durchgeführt werden, weshalb eine bewusste Auswahl getroffen wurde. Gewählt wurden sieben Feuerwehren innerhalb des Stützpunktkreises 2 Reinach im Kt. BL. Die Teilnehmer (N=7) waren männlich, im Rang eines Offiziers und Mitglied im Kommando ihrer jeweiligen Feuerwehr. Als Experten bezeichnet bringen sie entsprechend langjährige Erfahrungen mit und haben die Qualifikation sowie Position, um umfassend Einblicke in die Anforderungen an Kaderleute in der Feuerwehr geben zu können (Bogner, Littig & Menz, 2014b; Kaiser, 2021c).

Deduktiv aus der Theorie geleitet, wurden Analysedimensionen und daraus Fragen gebildet. Die Rückführung der Expertenantworten zu den Forschungsfragen erfolgte ebenfalls deduktiv über die Kodierung und Kategorisierung (s. Abb. 4.1). Die Experten sollten frei über kritische Situationen und darin enthaltene positive/negative Verhalten sprechen. Deshalb wurden offen formulierte Fragen gestellt. Mit den Analysedimensionen in Form von A3-Plakaten (s. Abb. 4.2) wurden die Gespräche theoriegeleitet geführt und darüber die Experten hinsichtlich der Forschungsfragen indirekt geleitet (Eck & Rietiker, 2010).

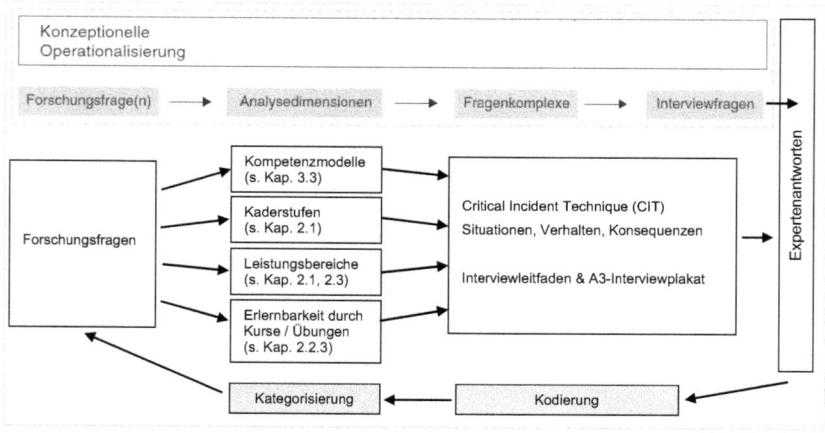

Abb. 4.1 Konzept der Studie mit theoriegeleiteten Interviewfragen & Rückführung der Expertenantworten

4.2 Methode

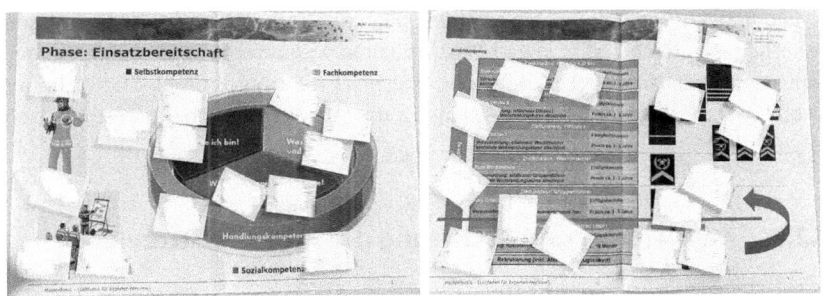

Abb. 4.2 Beispiel eines geführten Experteninterviews mittels Klebezettelnotizen auf A3-Plakaten (Notizen unkenntlich gemacht)

4.2.2 Durchführung und Transkription der qualitativen Experteninterviews

Die Interviews wurden im Zeitraum Mai bis Juli 2022 durchgeführt, wobei das erste Interview zugleich der Pre-Test war. Die Gespräche dauerten ca. 1–1.5 h und waren in die drei Phasen Vorstellung/Hauptteil/Ausklang unterteilt (Bogner, Littig & Menz, 2014c, 2014a).

Im Hauptteil wurden die Experten aufgefordert, kritische Situationen narrativ zu beschreiben, in welchen sie positives oder negatives Verhalten bei ihrem Kaderpersonal beobachtet hatten, ganz nach der CIT Methode (s. Abschn. 3.2.2). Auf vorbereiteten A3-Plakaten waren die deduktiv hergeleiteten Themenbereiche und Kategorien abgebildet, mit den für die Feuerwehrleute bekannten Darstellungen aus den FKS Reglementen. Mittels Klebezetteln konnte der Gesprächsverlauf überwacht, Lücken erkannt und bei Bedarf nachkorrigierend gelenkt werden. In Abb. 4.2 sind beispielhaft Plakate aus einem Interview dargestellt. Vorteilhaft konnten so zugleich den Experten die Fortschritte sichtbar gemacht und eine Wertschätzung zum Gesagten gezeigt werden.

Die Menge an gesprochenen Informationen in solchen Interviews ist gross und muss nach den relevanten Passagen gefiltert werden, weshalb eine Audioaufnahme mit anschliessender Transkription erfolgte (Flanagan, 1954; Kaiser, 2021b; Mistele, 2007).

Die transkribierten Interviews wurden nach den darin getätigten Kernaussagen bezüglich positivem oder negativem Verhalten ausgewertet und wiederum als Teiltranskription in eine Excel-Tabelle überführt (Dresing & Pehl, 2020). In der Abb. 4.3 wird ein Auszug inkl. Anleitung der Auswertungstabelle exemplarisch dargestellt.

4.2.3 Auswertung und Kodierung der Experteninterviews

Die Kodierung der Verhaltensbeobachtungen in die vier Grundkompetenzen erfolgte nach den 64 Schlüsselkompetenzen aus dem KODE®-KompetenzAtlas©. Da die Grundkompetenzen der KODE® und des FKS-Kompetenzmodell sehr ähnlich sind (s. Abschn. 3.3.5), wurde zwecks einfacherer Wiedererkennbarkeit der Begriffe für Feuerwehrleute, durchwegs die Namensbezeichnung der FKS übernommen. Durch die deduktiv hergeleiteten Analysedimensionen konnten die meisten Expertenaussagen direkt den Kategorien (Kaderstufen, ESit/EBe und Erlernbarkeit) zugewiesen werden. Was im Gespräch nicht eindeutig benannt wurde, erfolgte über die subjektive Kodierung und Kategorisierung des Autors. Nebst der Auswertungstabelle mit den Verhaltensbeschrieben (nach Kategorien filterbar, s. Abb. 4.3) werden diese auch grafisch dargestellt, um deskriptive Auswertung zu den ermittelten Grundkompetenzen zu ermöglichen (s. Abschn. 4.3).

Als Einzelarbeit erfolgen die Kodierung und Kategorisierung nur vom Autor selbst und haben eine entsprechende Limitation der Interrater-Reliabilität zur Folge. Mit dem persönlichen Bezug des Autors zur Feuerwehr wird eine Subjektivität in sämtliche Schritte eingebracht (Steinke, 2000). Vorteilhaft konnte jedoch so beispielsweise in den Interviews und in der Erstellung der Transkripte die feuerwehrspezifischen Begrifflichkeiten einfacher verstanden, korrekt übernommen und nicht beendete Sätze im Kontext nachvollzogen und bei der Verschriftlichung (inkl. Übersetzung von Schweizerdeutsch in Hochdeutsch) vervollständigt werden (Mistele, 2007). Aufgrund der nachteilig eingebrachten Subjektivität, und damit einer möglichen mangelnden Validität, wurde bewusst die Studie 2 eingeplant (s. Kap. 6). Über die deskriptiven Ergebnisse des Fragebogens bezüglich der inhaltlichen Validität des Prototyps des Kadertools, kann rückschliessend eine qualitative Aussage zur Studie 1 gemacht werden.

MAS Business Psychology - Masterthesis
Pascal Breitenmoser
Anleitung zur Interview Auswertungstabelle (inkl. Filterfunktion in Excel)

Anleitung zur Auswertungstabelle

Die vom Autor in eine verallgemeinerte Form gebrachte Verhaltensbeobachtung, welche zusätzlich noch nach erlernbaren und schwer erlernbaren guten/schlechten Verhalten bewertet wurde.

Die Hauptkompetenzen (FKS) bzw. die Kompetenzgruppen nach KODE® sind inhaltlich gleich. Die Namenwahl erfolgt nach für Feuerwehrleute bekanntere FKS Begriffe.

Zuordnung, ob die Verhaltensbeobachtung und Situation im Einsatz (unter Stress) oder im Bereich der Einsatzbereitschaft (Ausbildung, Administration) stattfindet bzw. gefordert wird.

Kontext- / Situationsbeschrieb, in welcher das Verhalten beschrieben wurde oder anzutreffen ist/war.

Referenz, aus welchem/n Interview(s) und aus welchem Textblock die Zeile stammt.
Iv_Nr. = Interview ¦
Abschnitt-Nr. = Textblock

Filtermöglichkeit nach jeweiliger Kategorie, Kombinationen möglich.

Verhaltensbeschrieb (+) sollte die Person möglichst mitbringen ( ) sollte die Person mitbringen, oder möglich durch Kurse, Übungen, Einsätze sich anzueignen (-) sollte eine Person möglichst nicht haben		Kompetenz nach FKS (andere Namen, aber Vergleichbar mit KODE ®)	Kompetenz nach KODE ®		Dienstgrad							Bereich			Referenz aus Interview...	
					Sdt	Kpl	Wm	Of	Kmd	Fw	Four	Einsatz	E.Bereitschaft	Genannte Beispielsituation	Iv_X	Abschnitt-Nr.
Die Person ist bereit mithelfen und mitanpacken zu wollen.	+	Handlungskompetenz	A/S	Soziales Engagement	Sdt	Kpl	Wm	Of				Einsatz		Allgemein Einsatz, Hilfsbereitschaft, gegenseitige Unterstützung	Iv_1 Iv_2 Iv_3 Iv_4 Iv_5 Iv_6 Iv_7	8, 40, 102 22, 24, 64, 118 64, 70 20, 44 8, 62 52 18, 72
Die Person kommt gerne und will was tun.	+	Handlungskompetenz	A	Tatkraft	Sdt	Kpl	Wm	Of				Einsatz		Allgemein Einsatz, Engagement	Iv_1 Iv_2 Iv_3 Iv_5 Iv_6 Iv_7	8, 40, 102 4, 110, 118, 140 64, 70 52 52, 166 18, 72
Wie geht eine Person das Ereignis an?		Fachkompetenz	F	Planungsverhalten		Kpl	Wm	Of				Einsatz		Unwetter, Wasser im Keller, Vespen, Pagermeldung vorstellen/beurteilen	Iv_1 Iv_5	8 14
Wie flexibel ist die Person im Denken?		Selbstkompetenz	P/A	Offenheit für Veränderungen		Kpl	Wm	Of				Einsatz		Unwetter, Wasser im Keller, Vespen, Abweichen von Schulbuch-Lösungen, Einsatzübung	Iv_1 Iv_4 Iv_6	8 30, 36 164, 198
Der Offizier kann sich auch Mal zurücknehmen	+	Selbstkompetenz	P/S	Delegieren				Of				Einsatz		Grössere Unwetterereignisse	Iv_1 Iv_6	8, 72 166
Die Person kann verschiedene Möglichkeiten, Ressourcen, Mittel, zum Vorgehen abwägen?		Fachkompetenz	F/P	Beurteilungsvermögen			Wm	Of				Einsatz		Einsatzvorgehen, erste drei Befehle, Alltagsereignisse, Selbstständiges Arbeiten	Iv_1	8
Die Person schreit die Leute an, wirkt nervös und verunsichert (zittert evtl. sogar)	-	Sozialkompetenz	S	Kommunikationsfähigkeit		Kpl	Wm	Of				Einsatz		Einsatzübung, Befehlsgebung, Absicht, Hektik, Stressverhalten	Iv_1 Iv_5 Iv_6	30, 32 26 70, 78, 86, 88

Die gelben Felder wurden im Kadertool verwendet

64 Schlüsselkompetenzen aus dem Kompetenzatlas nach KODE® und deren Zusammenfassung in die Grundkompetenzen (P, A, F, S) und die Kombinationen (P/A, P/F, usw.).

Zuordnung der Verhaltensbeobachtung zu typischen Funktionen bzw. Dienstgraden, welche damit konfrontiert werden oder diese benötigen.

gelb markierte Zeilen sind im Kadertool eingeflossen.

Erläuterung der Register:

CIT-Auswertung: Die CIT-Auswertungstabelle stellt eine Zusammenstellung der genannten Verhaltensbeschrieben und Sitationen dar, welche aus den sieben geführten Interviews herrühren. Zur Gewährleistung der Anonymität werden aus Datenschutzgründen die Transkripte nicht öffentlich publiziert. Damit ist eine Rückverfolgbarkeit der im Interviewleitfaden aufgeführten Experten und den von ihnen getätigten Aussagen nur den Prüfungsexperten möglich.

KODE (R) Kompetenzmodell-Kodier: In dem Register ist das überblickverschaffende Plakat aufgeführt, welches den CIT-Interviews als Basis diente. Darin enthalten ist das Kompetenzmodell nach KODE (R) mit den detaillierten Kompetenzgruppen und Teilkompetenzen, welche zugleich als Kodiersystem für die Interviews dient. Zum Vergleich dient das Kompetenzmodell der FKS mit seinen Hauptkompetenzen, welche inhaltlich demjenigen nach KODE ® entspricht. Zuletzt ist noch die aus aus der Literatur für Feuerwehr relevante Unterscheidung der Bereiche "Einsatz" und "Einsatzbereitschaft" aufgeführt sowie die ans schweizer Militär angelehnten Dienstgrade.

FKS-Kompetenzmodell: Dieses Register beinhaltet die aus dem FKS Regelment "Einsatzführung" herauskopierten Passagen zum dort erläuterten Kompetenzmodell.

FKS-Auswertung-Reglement: Dieses Register ist gleich aufgebaut wie die CIT-Auswertung, beinhaltet jedoch die Auswertung aus den im Reglement genannten Textpassagen, welche im vorigen Register reinkopiert sind

Legende: Abkürzungen der Funktionen und Dienstgrade

Legende: Sdt = Soldat / Kpl = Korporal / Wm = Wachtmeister / Of = Offizier (Leutnant, Oberleutnant, Hauptmann) / Kmd = Kommandant / Fw = Feldweibel / Four = Fourier / Grf = Gruppenführer / EL = Einsatzleiter

Abb. 4.3 Auswertungstabelle inkl. Erläuterungen zur Bedeutung der einzelnen Spalten und Einträge

4.3 Ergebnisteil zur Studie 1

4.3.1 Vergleich der Kompetenzmodelle FKS und KODE®

Das im Reglement Einsatzführung (FKS, 2022b) beschriebene Kompetenzmodell (FKS-KM) umschreibt ca. 100 Verhaltensweisen, die den Grundkompetenzen Fach-, Sozial-, Selbst- und Handlungskompetenz zugeordnet werden. Aus den Experteninterviews wurden rund 300 Verhaltensbeschriebe ermittelt. Beides wurde nach dem KODE®-KompetenzAtlas© kodiert und miteinander auf inhaltliche Passung verglichen. Die Abb. 4.4 zeigt, dass die Grundkompetenzen aus dem Beschrieb FKS deskriptiv sehr gut mit den beschriebenen Expertenbeobachtungen übereinstimmen. Aufgrund der hohen Passung wird im Folgenden nur noch auf die Ergebnisse aus den Nennungen der Experteninterviews eingegangen.

Werden nun aus den 300 Verhaltensbeobachtungen nur diejenigen betrachtet, welche in allen sieben Interviews deckungsgleich genannt wurden, so ergeben sich 16 Nennungen. Grafisch dargestellt bildet diese Verteilung ein zu lückenhaftes Abbild. Die analoge Betrachtung wurde mit sechs Interviews (49 Nennungen) und fünf Interviews (83 Nennungen) gemacht. Mit 83 Nennungen kann zwar nahezu die gleiche Häufigkeitsverteilung erreicht werden, doch auch mit bereits 49 Nennungen kann ein akzeptables Abbild erreicht werden. Dies ist eine wichtige Erkenntnis in Bezug auf die spätere Praktikabilität eines Hilfstools bzgl. der erforderlichen Anzahl Verhaltensbeschriebe (s. Kap. 5)

4.3 Ergebnisteil zur Studie 1

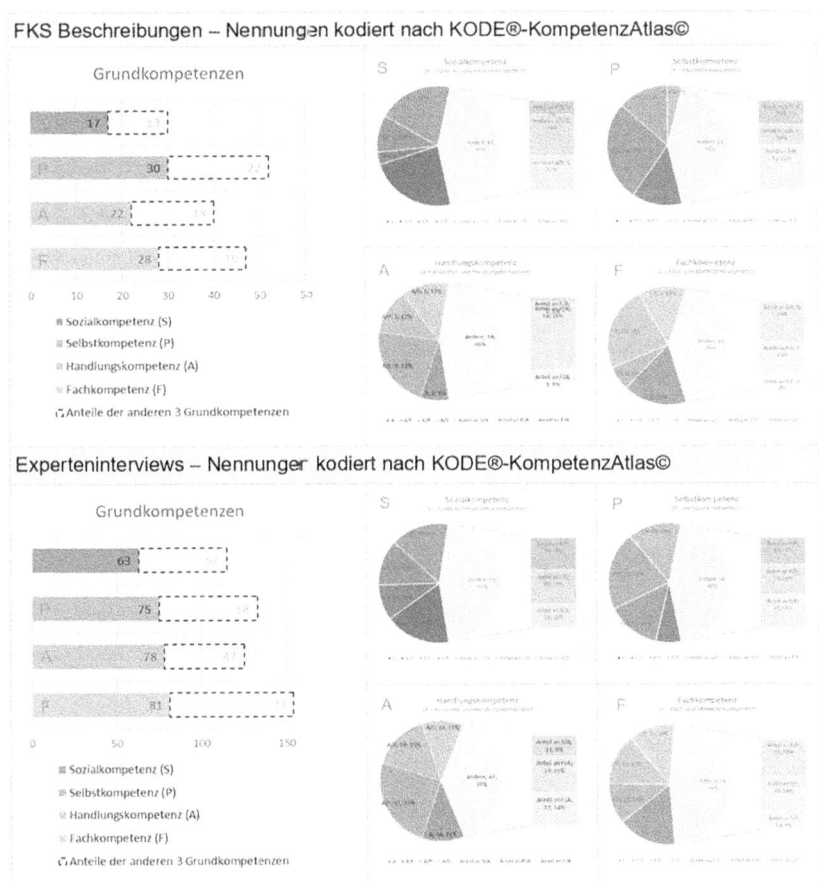

Abb. 4.4 Vergleich der Auswertung aller Verhaltensbeobachtungen zwischen dem FKS-KM und den Interviews. > Hinweis. Relevant für den Vergleich sind nicht die quantitativen Zahlen, sondern die qualitative Häufigkeitsverteilung

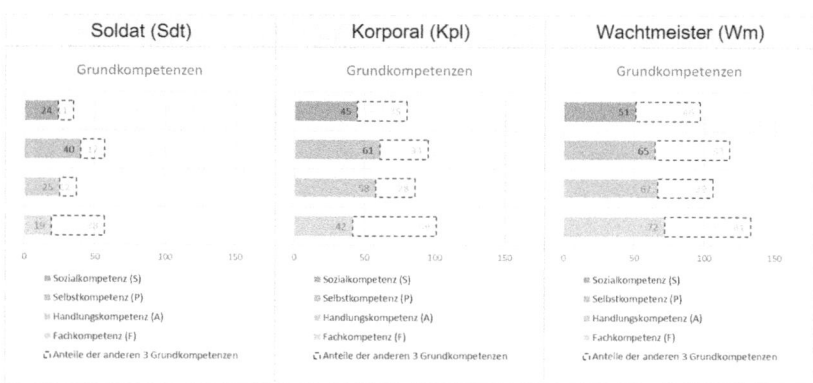

Abb. 4.5 Zuordnung der Verhaltensbeobachtungen (aus Interviews) in die Grundkompetenzen für die Kaderstufen

4.3.2 Sichtbarkeit von Anforderungsunterschieden bei Kaderstufen

In jeder Kaderstufe sind die vier Grundkompetenzen vertreten. Die Nennungen variieren zwischen den Kaderstufen (z. B. 24 beim Sdt für Sozialkompetenz, 45 beim Kpl und 51 beim Wm). Weiter zeigt sich, dass für jede nächsthöhere Kaderstufe mehr Nennungen erfasst werden. Die grösste Veränderung tritt bei der Fachkompetenz auf (19 beim Sdt, zu 42 beim Kpl bis hin zu 72 beim Wm).

Schlussfolgernd wird festgestellt, dass die Anforderungen an die Kaderstufen unterschiedlich sind und demzufolge zu berücksichtigen sind (Abb. 4.5).

4.3.3 Sichtbarkeit der Leistungsbereiche Einsatz und Einsatzbereitschaft

Es zeigt sich, dass Anforderungen aller vier Grundkompetenzen in beiden Leistungsbereichen notwendig sind (s. Abb. 4.6). In den Einsatzsituationen haben die Fachkompetenzen (57) und die Handlungskompetenzen (59) eine höhere Häufigkeit gegenüber den Sozialkompetenzen (23) und den Selbstkompetenzen (40). Die Verteilung beim Leistungsbereich Einsatzbereitschaft sieht genau umgekehrt aus. Dort weisen die Sozialkompetenzen (51) und Selbstkompetenzen (53) höhere Häufigkeiten gegenüber den Fachkompetenzen (36) und den Handlungskompetenzen (34) auf.

4.3 Ergebnisteil zur Studie 1

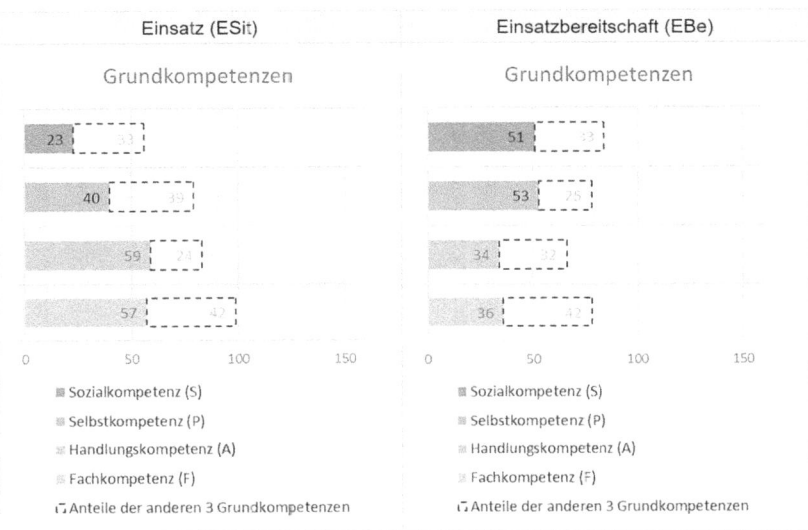

Abb. 4.6 Zuordnung der Verhaltensbeobachtungen (aus Interviews) in die Leistungsbereiche ESit und EBe

Schlussfolgernd wird festgestellt, dass die Anforderungen in den beiden Leistungsbereichen Einsatz und Einsatzbereitschaft unterschiedlich sind und diese Unterschiede demzufolge zu berücksichtigen sind.

4.3.4 Erlernbarkeit von Kompetenzen

Die Abb. 4.7 zeigt, dass die Anforderungen aller vier Grundkompetenzen vorausgesetzt werden. Die wenigsten Voraussetzungen werden zu Beginn im Bereich der Fachkompetenzen (13 Nennungen) erwartet. Entsprechend liegt dort das höchste Lernpotenzial (68 Nennungen).

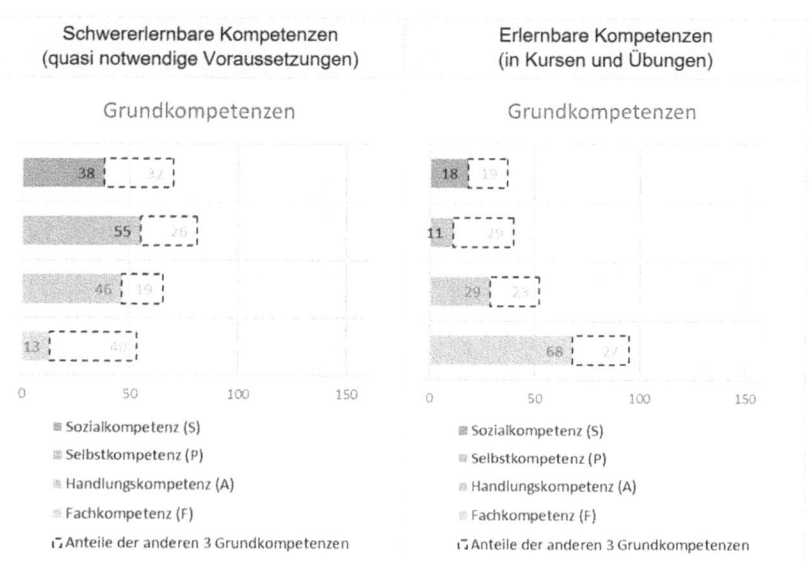

Abb. 4.7 Zuordnung der Verhaltensbeobachtungen (aus Interviews) betreffend Erlernbarkeit von Kompetenzen

4.3.5 Zwischenfazit zur Studie 1

Die in Abschn. 4.3.1, 4.3.2, 4.3.3 und 4.3.4 dargestellten Ergebnisse zeigen auf, dass eine gute Passung der nach dem KODE®-KompetenzAtlas© kodierten Verhaltensbeobachtungen mit den Grundkompetenzen aus dem FKS-KM besteht. Weiter gibt es Hinweise darauf, dass für eine Anforderungsbetrachtung die beiden Leistungsbereiche (ESit & EBe), die Kaderstufen (Sdt, Kpl, Wm) und die Erlernbarkeit zu berücksichtigen sind.

Zudem wurde ermittelt, dass auch mit einer geringeren Anzahl übereinstimmender Interview-Nennungen (ca. 49 Stk) gegenüber allen rund 300 Verhaltensbeobachtungen eine vergleichbar gute Aussagekraft erzeugt werden kann. Dies ermöglicht es, bei der Entwicklung eines nutzerfreundlichen Kadertools, mit einer reduzierten Anzahl Verhaltensbeobachtungen den Aufwand für die Benutzenden zu minimieren.

Prototyp Kadertool 5

Jede Anforderung verlangt von den Personen ein Verhalten, um die gestellte Aufgabe zu lösen. Jede Kompetenz wiederum ermöglicht es Personen, ein bestimmtes Verhalten ausüben zu können. Die Zielsetzung besteht darin, die notwendigen Kompetenzen für Kaderleute aus den wesentlichen Anforderungen des Feuerwesens darzustellen und in beobachtbares Verhalten zu übersetzen. Mit einem Hilfsmittel soll anhand vorgegebener Verhaltensbeobachtungen die bisher bestehende subjektive Beurteilung systematisch geleitet werden. Dies ermöglicht zugleich eine Dokumentation und schafft Transparenz. Das Kadertool (Excel-basierte Lösung) liegt dem Buch zum Download bei.

5.1 Allgemeiner Aufbau

Die Erkenntnisse aus den deskriptiven beschriebenen Ergebnissen der Studie 1 sind in der MAS Thesis zum Prototyp eines Kadertools eingeflossen. Es besteht aus zwei A3-Blättern mit jeweils 24 vorselektierten Verhaltensbeobachtungen, einer 5-stufigen Bewertungsskala und grafischen Auswertungen. Die 48 (=2×24) Verhaltensbeobachtungen orientieren sich in der Anzahl an der mindestens notwendigen Anzahl Nennungen für eine repräsentative Aussagekraft (vgl. Abschn. 4.3.5), und stellen dabei eine gerade Zahl dar, welche durch vier (Grundkompetenzen) sowie durch zwei (für zweiseitiges Blatt) teilbar ist.

Ergänzende Information Die elektronische Version dieses Kapitels enthält Zusatzmaterial, auf das über folgenden Link zugegriffen werden kann https://doi.org/10.1007/978-3-662-72385-2_5.

Das erste Blatt beurteilt die Mannschaft und den ersten Beförderungsschritt vom Soldaten zum Korporal/Gruppenführer. Das zweite Blatt wird dazu vorerst nicht benötigt, was den Aufwand stark reduziert. Das zweite Blatt mit weiteren 24 Verhaltensbeobachtungen findet erst ab Stufe Gruppenführer Anwendung. Da die Führungsgrundsätze über den Gruppenführerkurs nun als bekannt vorausgesetzt werden können, wird der Fokus stärker auf die fachlich-methodischen Kompetenzen und deren Handlungen daraus gelegt. Damit schärft sich das Bild der individuellen Ausprägungen hinsichtlich der beiden Leistungsbereiche. Mit insgesamt 48 beobachtbaren Verhaltensbeschrieben ist es möglich, dass Kaderpersonal anhand dem Anforderungsprofil des FKS abzubilden und zudem eine tendenzielle Ausprägung der Leistungsbereiche zu erkennen. Dies erlaubt differenziertere Diskussionen bei Personalentwicklungsmassnahmen.

In Abb. 5.1 wird ein Auszug aus dem Kadertool dargestellt. Die Benutzenden müssen lediglich die Verhaltensbeschriebe lesen und sich überlegen, inwiefern diese auf die betrachtete Person zutrifft und entsprechend bewerten. Die grafische Auswertung hilft einen schnellen Überblick zu erhalten und erfolgt automatisch aufgrund der vorselektierten Verhaltensbeobachtungen.

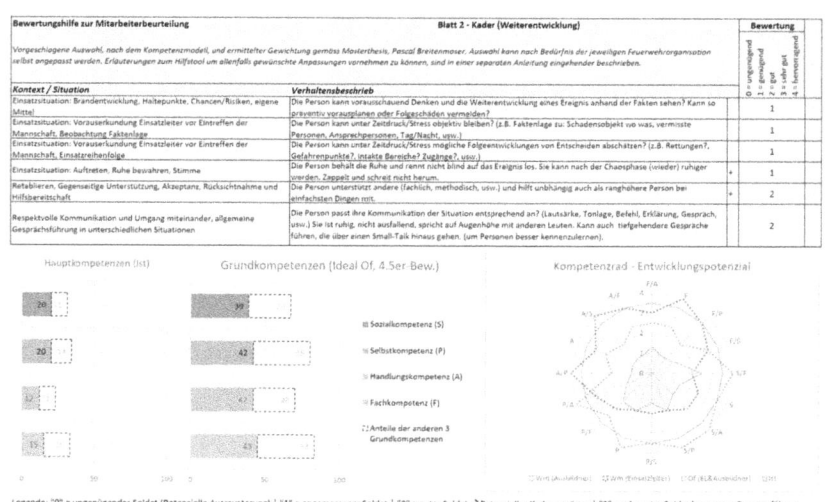

Abb. 5.1 Auszug aus dem Kadertool (exemplarisch)

5.2 Vorselektierte Verhaltensbeobachtungen aus Ergebnissen der Studie 1

Vorselektiert bedeutet, dass die aus den 300 Experteninterviews gewählten und in Blatt 1 & 2 bewusst platzierten Verhaltensbeobachtungen, die Kompetenzverteilung aus den erhobenen Grundlagendaten sowie aus den Ergebnissen aus der Studie 1 repräsentieren. D. h. die Verteilung der Grundkompetenzen aus Abb. 4.5, 4.6 und 4.7 werden darin abgebildet.

Das Blatt 1 stellt eine Beurteilung der Mannschaft mit Blick auf den ersten Schritt zum Kader hin dar. Die ausgewählten Verhaltensbeobachtungen orientieren sich dabei an der Anforderungsverteilung von Sdt und Kpl (s. Abb. 4.5). Die bessere Erlernbarkeit der Fachkompetenz wird zu Beginn mit der schwächeren Gewichtung berücksichtigt und hebt damit die anderen Grundkompetenzen automatisch mehr hervor.

Das Blatt 2 dient der Beurteilung des Kaderpersonals und möglicher Weiterentwicklungen zum höheren Kader oder zur Fachrichtung hin. Aus diesem Grund orientieren sich die gewählten Verhaltensbeobachtungen am Sprung der Anforderungen zwischen dem Kpl und Wm (s. Abb. 4.5) Weiter wird eine Differenzierung von Einsatz und Einsatzbereitschaft betrachtet (s. Abb. 4.6). Der Leistungsbereich Einsatz stellt dabei eine Entwicklung tendenziell in Richtung Einsatzleitung dar, die Einsatzbereitschaft eine Entwicklung eher zum Ausbilder hin. Im Blatt 2 wird nun die Fachkompetenz stärker gewichtet, da diese über Kurse, Übungen und Erfahrung/Dienstjahre erlernt und damit vorhanden sein sollte (s. Abb. 4.7).

Die Abb. 5.2 zeigt einen Auszug aus der Kurzanleitung, welche in einem separaten Register im Excel zur Erläuterung integriert ist. Dies erlaubt den Nutzenden auch später Verhaltensbeobachtungen im Tool anzupassen/ersetzen, mit Beibehaltung der zugrunde gelegten Systematik.

Der aus der Studie 1 entwickelte Prototyp eines Kadertools ermöglicht auch Nicht-Personaldiagnostikern eine systematische und transparente Personalbeurteilung, inkl. der dazugehörigen Dokumentation. In der Studie 2 wird gezeigt, dass es damit möglich ist, aus abstrakten Kompetenzbegriffen verständliche und beobachtbare Verhalten zu beschreiben, welche eine Beurteilung der Personen ermöglichen (s. Abschn. 6.2). Darüber hinaus deuten die Ergebnisse an, dass der Nutzen einer Bewertungshilfe gesehen und der Aufwand im Kontext der Miliztätigkeit als vertretbar erachtet wird.

Weshalb gerade 48 Verhaltensbeobachtungen?

Aus den Interviews ergaben sich rund 300 Verhaltensbeobachtungen. Für eine praktikable Beurteilung (im Milizsystem) ist die Anzahl auf ein Mass zu reduzieren, dass mit so wenig wie möglich aber dennoch noch mit genügend fundierter Aussagekraft auskommt. Werden nur die 16 Nennungen genommen, welche in allen Interviews genannt wurden, so ergibt sich ein zu ungenaues Bild. Erlaubt man ein Interview wegzulassen (Aussagen, die 6x genannt wurden), so ergibt sich mit 49 Nennungen bereits ein differenzierteres Bild. Werden Aussagen mit 5-facher Überschneidung genommen, ergeben sich 98 Nennungen mit einer guten differenzierten Abbildung des Gesamten, aber bereits wieder zuvielen Nennungen. Die Anzahl von 48 Verhaltensbeobachtungen (Zahl durch 4, die Grundkompetenzen, gut teilbar) erscheint deshalb als vertretbare Reduktion der Anzahl, um ein aussagekräftiges Gesamtbild abbilden zu können.

Weshalb zwei Stufen bzw. zwei Seiten? -> Zur Erläuterung werden die wesentlichen Grafiken aus der Auswertung verwendet.

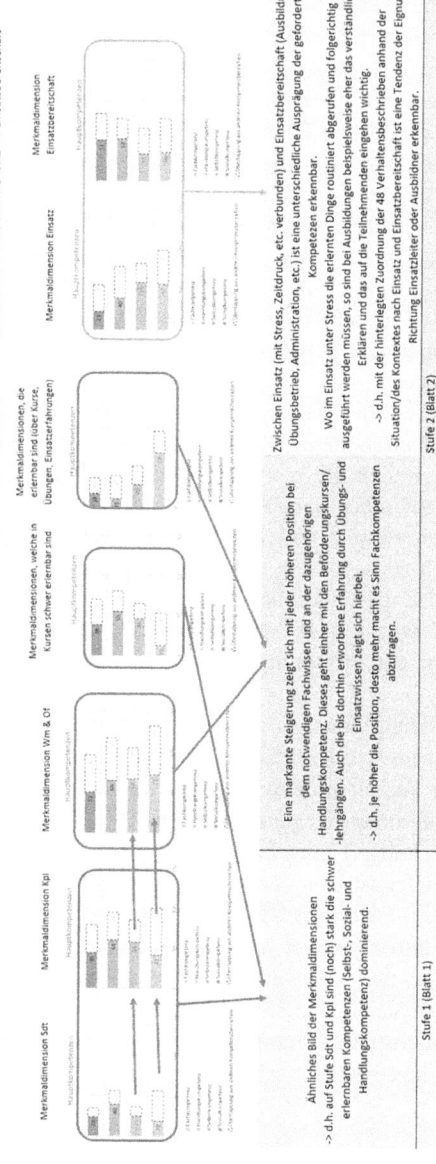

Abb. 5.2 Zugrunde gelegte Systematik des Kadertools aus den Erkenntnissen der Studie 1, Auszug aus Tool

▶ **HINWEIS** Weiter könnte untersucht werden, ob ein entwickeltes Bewertungstool auch für die kantonalen Ausbildungs- und Beförderungskurse anwendbar wäre. Die Verwendung von gleichen Beurteilungsformularen oder gleichen Verhaltensbeschrieben könnte für Feuerwehren nützlich sein. So wären Rückmeldungen aus Kursen von zertifizierten FW Instruktoren für die eigene Beurteilung als Fremdeinschätzung nutzbar, basierend auf den gleichen Kriterien.

Studie 2 – Plausibilität & Nutzungsabsicht zum Prototyp Kadertool

Der entwickelte Prototyp des Kadertools (vgl. Kap. 5) erhebt unter Berücksichtigung des begrenzten Forschungsrahmens einer MAS Thesis nicht den Anspruch auf Vollständigkeit. Um dennoch eine qualitative Aussage bezüglich der inhaltlichen Passung und der möglichen Praktikabilität des Kadertools und der zugrunde liegenden Forschungsarbeit zu erhalten, wird in der Studie 2 ein Feedback der befragten Experten aus Studie 1 eingeholt.

6.1 Methode

Mit dem vorliegenden Prototyp des Kadertools lässt sich in Studie 2 die grundsätzliche Gebrauchstauglichkeit vor weiteren Entwicklungsschritten abschätzen (Deutsches Institut für Normierung e. V. EN ISO 9241-11, 2018). Entsprechend werden mittels Fragebogen zwei Stossrichtungen untersucht:

1. Können die Befragten der inhaltlichen Passung und Verständlichkeit der zu beurteilenden Verhaltensbeobachtungen zustimmen?
2. Erachten die Befragten den Prototyp des Kadertools als praktikabel und anwendbar im milizorganisierten Feuerwehrdienst?

Der entwickelte Fragebogen soll gemäss den beiden Stossrichtungen die Akzeptanz (1.) und Nutzungsabsicht (2.) klären. Der Aufbau des Fragebogens basiert deshalb auf dem Modell der Technikakzeptanz UTAUT, der Unified Theory of Acceptance and Use of Technology (Venkatesh, Morris, Davis & Davis, 2003). In vereinfachter Form wurden daraus die Beurteilungsdimensionen gemäss Tab. 6.1 gewählt, welche Basis für den Feedback-Fragebogen ist.

Tab. 6.1 Beurteilungsdimensionen nach UTAUT (Venkatesh et al., 2003)

Beurteilungsdimension	Beschreibung der Befragungsabsicht
Subjektive Leistung (SL)	Entsprechen die formulierten Verhaltensbeobachtungen den Anforderungen an Kaderpersonal und sind diese verständlich?
Leistungserwartung Performance Expectancy (PE)	Helfen die formulierten Verhaltensbeobachtungen zu einer einheitlichen Leistungsbeurteilung? Können anhand dieser, transparent Kompetenzen beurteilt und dokumentiert werden?
Aufwandserwartung Effort Expectancy (EE)	Ist der Aufwand zum Ausfüllen dieses zusätzlichen Dokuments vernünftig im Verhältnis zum erhofften Nutzen?
Verhaltensabsicht/ Nutzungsintention (NI)	Wie wahrscheinlich ist es, dass milizorganisierte Feuerwehren ein solches Kadertool nutzen würden?

Da die begrenzte Stichprobe von sieben Personen keine statistische Auswertung zulässt, wurde die Befragung auf eine deskriptive Auswertung des Fragebogens ausgelegt.

Um aus den Ergebnissen eine eher zustimmende oder ablehnende Haltung als Trend zu erhalten, wurde eine quantitative Likert-Skala von 1 (stimme der Aussage nicht zu) bis 4 (stimme der Aussage zu), ohne neutrale Mittelkategorie gewählt (Moosbrugger & Brandt, 2020).

6.2 Ergebnisteil zur Studie 2

Die Abb. 6.1 zeigt die Auswertung der erhaltenen Rückmeldungen, wobei die hohen Zustimmungswerte der beiden Dimensionen deutlich wird. So erhält die inhaltliche Plausibilität einen Mittelwert von 3.33, und die Nutzungsabsicht einen Mittelwert von 3.17.

Zusammenfassend erhält das Kadertool als Prototyp sowohl zur inhaltlichen Plausibilität der beschriebenen Verhaltensbeobachtungen wie auch zur möglichen Nutzungsabsicht zustimmende Bewertungen.

6.2 Ergebnisteil zur Studie 2

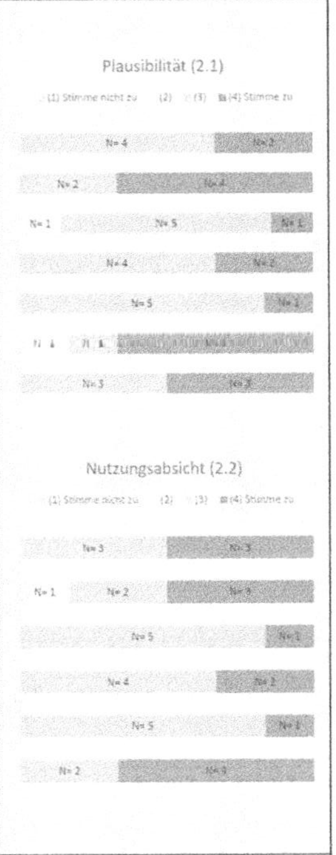

Abb. 6.1 Auswertung des Feedback-Fragebogens zur Plausibilität und Nutzungsabsicht

Fazit 7

Die Anforderungen im Feuerwehrwesen sind vielfältig. In Einsätzen sind die Situationen meist unklar, unübersichtlich, zeitkritisch und mit Stress verbunden. Insbesondere das Führungspersonal muss in der Lage sein, einen kühlen Kopf zu bewahren, um folgerichtige Entscheide zu treffen, auch zur Sicherheit der eigenen Leute. Die Verantwortung an das Kaderpersonal ist entsprechend hoch und die Auswahl geeigneter Personen besonders wichtig. Die überwiegende Anzahl Leute leistet den Feuerwehrdienst nebenberuflich. Entsprechend ist die investierte Freizeit kostbar. Führungsaufgaben sind jedoch mit zusätzlichem Engagement/Zeitaufwand verbunden (mehr Kurse, Übungen, usw.), weshalb die Bereitschaft für solche Positionen zum Thema werden kann.

Gerade in Führungspositionen sind die Personalauswahl und -weiterentwicklung wichtig. Die Grundlage dazu bildet die Personalbeurteilung, basierend auf der Anforderungsanalyse und einer dazu validen sowie reliablen Messung. Die Anforderungsanalyse untersucht die gestellten Anforderungen an das Personal und was zur Erfüllung dieser notwendig ist. Aus den verschiedenen Methoden wird bei Feuerwehren oftmals die intuitive angewendet. Diese erfordert fachlich-methodisch kompetente Personen. Ohne klare Kriterien können solche Beurteilungen intransparent und nur begrenzt nachvollziehbar sein. Die personenanalytische Methode dagegen verfolgt den Ansatz, das Verhalten von Personen bei der Aufgabenerfüllung zu betrachten. Ob Personen in der Lage sind spezifisch gefordertes Verhalten zu zeigen, dazu geben ihre Kompetenzen einen Anhaltspunkt. Kompetenzmodelle wiederum ordnen die zahlreichen Kompetenzen in ein System, womit Vergleiche mit den Anforderungen möglich werden.

In der Studie 1 wird der personenanalytische Ansatz verfolgt. In qualitativen Interviews werden mit Experten, nach der Methode der Critical Incident Technique, relevante Anforderungen von Feuerwehrangehörigen ermittelt, insbesondere

© Der/die Autor(en), exklusiv lizenziert an Springer-Verlag GmbH, DE, ein Teil von Springer Nature 2025
P. Breitenmoser, *Führungspersonal im Feuerwehrdienst,* essentials,
https://doi.org/10.1007/978-3-662-72385-2_7

dem Führungspersonal. Via KODE®-KompetenzAtlas©, mit den differenzierten 64 Schlüsselkompetenzen, wird das beobachtbare Verhalten aus den Expertenaussagen kodiert und ins Kompetenzmodell der FKS mit den vier Grundkompetenzen Sozial-, Selbst-, Fach- und Handlungskompetenz zurückgeführt. Aus den Ergebnissen konnten folgende Erkenntnisse gewonnen werden:

(1) Das Kompetenzmodell der FKS (ohne wissenschaftliche Quellenangabe), konnte durch KODE® indirekt als etabliert bestätigt werden.
(2) Die Kaderstufen AdF, Grf, Of/Wm zeigen in der Kompetenzausprägung Unterschiede auf.
(3) Ein deutlicher Unterschied ist zwischen den Leistungsbereichen «Einsatz» und «Einsatzbereitschaft» ersichtlich
(4) Die Fach- und Methodenkompetenz weist die höchste Erlernbarkeit aus (z. B. über Kurse, Übungen, usw.), was umgekehrt bedeutet, dass die anderen Kompetenzen stärker an die Persönlichkeit gebunden sind. Somit sollten diese bei der Potenzialabschätzung an jüngeren AdF stärker betrachtet werden.

Die Erkenntnis daraus kann bereits in der Beurteilung von Kaderpersonal helfen. Weitere Hilfsmittel, z. B. Kadertool, können gerade bei weniger geübten Personen in der Personaldiagnostik als strukturierter Leitfaden dienen und sorgen gleichzeitig als Dokumentation für Transparenz in der Beurteilung, sowohl für Beurteilende als auch für Beurteilte.

Der entwickelte Prototyp eines Kadertools, basierend auf den Erkenntnissen aus der Studie 1, ermöglicht auf nur zwei A3-Seiten und mit insgesamt 48 Verhaltensbeobachtungen eine gute Standortbestimmung des eigenen Personals. Dabei konnte in einer nachgelagerten Studie 2 sowohl die inhaltliche Validität aufgezeigt werden, sowie auch ein praktikables Verhältnis von Nutzen zu Aufwand.

Das Grundlagenwissen und die Erfahrung in der Personaldiagnostik sowie die zeitliche Bereitschaft kann aufgrund der Miliztätigkeit in den verschiedenen Feuerwehren eine besonders grosse Herausforderung darstellen. Hilfestellungen basierend auf den bestehenden Grundlagen und Erkenntnissen könnten zukünftig helfen, die Personalbeurteilung strukturierter und transparenter zu gestalten. Oft wird viel Zeit in die Evaluation von Fahrzeugen und Equipment gesteckt. Es wäre wünschenswert mindestens so viel Energie und Zeit auch in die Evaluation und Weiterentwicklung des Feuerwehrpersonals zu investieren. Sie bedienen die Gerätschaften, treffen Entscheidungen und bewältigen letztlich die an sie gestellten Aufgaben.

Was Sie aus diesem *essential* mitnehmen können

- Es gibt Unterschiede in den erforderlichen Kompetenzen bezogen auf die Leistungsbereiche Einsatz und Einsatzbereitschaft.
- Zwischen den Kaderstufen gibt es darlegbare Unterschiede, weshalb eine differenzierte Betrachtung empfohlen wird.
- Die Fachkompetenz ist mehrheitlich über Kurse und Übungen erlernbar und sollte daher zur Potenzialabschätzung bei der Basis (Mannschaft) eine geringere Gewichtung haben.
- Mit dem Prototyp einer excelbasierten Checkliste aus Verhaltensbeobachtung kann gezeigt werden, dass eine systematische und transparente Beurteilung mit praktikablem Aufwand möglich ist.

Literatur

Anderson, N., Herriot, P., & Hodgkinson, G. P. (2001). The practitioner-researcher divide in Industrial, Work and Organizational (IWO) psychology: Where are we now, and where do we go from here? *Journal of Occupational and Organizational Psychology, 74*(4), 391–411.

Barrett, G. V., Polomsky, M. D., & McDaniel, M. A. (1999). Selection tests for firefighters: A comprehensive review and meta-analysis. *Journal of Business and Psychology, 13*(4), 507–513.

Barrick, M. R., & Mount, M. K. (1991). The big five personality dimensions and job performance: A meta-analysis. *Personnel Psychology, 44*(1), 1–26.

Blanckmeister, B. (2020). Potentiale erschließen, Zukunft sichern. In E.-M. Kern, G. Richter, J. C. Müller, & F.-H. Voß (Hrsg.), *Einsatzorganisationen* (S. 399–411). Wiesbaden: Springer Fachmedien.

Bogner, A., Littig, B., & Menz, W. (2014a). Die Interaktion im Interview: Frageformulierung und Strategien der Gesprächsführung. In A. Bogner, B. Littig, & W. Menz (Hrsg.), *Interviews mit Experten* (S. 49–69). Wiesbaden: Springer Fachmedien.

Bogner, A., Littig, B., & Menz, W. (2014b). Wer ist ein Experte? Wissenssoziologische Grundlagen des Expertinneninterviews. In A. Bogner, B. Littig, & W. Menz (Hrsg.), *Interviews mit Experten* (S. 9–15). Wiesbaden: Springer Fachmedien.

Bogner, A., Littig, B., & Menz, W. (2014c). Der Zugang zu den Experten: Die Vorbereitung der Erhebung. In A. Bogner, B. Littig, & W. Menz (Hrsg.), *Interviews mit Experten* (S. 27–47). Wiesbaden: Springer Fachmedien.

Bräuer, M. M. (2014). *Führung im Kontext von lebenskritischen Situationen und Hochleistung. Eine empirische Analyse anhand ausgewählter Einsatzeinheiten von Bundeswehr und Technischem Hilfswerk* (Schriften des Instituts für Entwicklung zukunftsfähiger Organisationen, Bd. 3, 1. Aufl.). Eul.

Burke, E. (1997). Competence in command: Recent R&D in the London Fire Brigade. *Journal of Managerial Psychology.*

Carter, H. (2007). Approaches to leadership: The application of theory to the development of a fire service-specific leadership style. *International fire service journal of leadership and management, 1*(1), 27–37.

DeChurch, L. A., Burke, C. S., Shuffler, M. L., Lyons, R., Doty, D., & Salas, E. (2011). A historiometric analysis of leadership in mission critical multiteam environments. *The Leadership Quarterly, 22*(1), 152–169.

Deutsches Institut für Normierung e.V. EN ISO 9241-11. (2018). DIN EN ISO 9241-11: Ergonomie der Mensch-System-Interaktion-Teil 11: Gebrauchstauglichkeit: Begriffe und Konzepte.

Dresing, T., & Pehl, T. (2020). Transkription. In G. Mey & K. Mruck (Hrsg.), *Handbuch Qualitative Forschung in der Psychologie* (S. 835–854). Wiesbaden: Springer Fachmedien.

Eck, C. D., & Rietiker, J. (2010). Kompetenzen und Anforderungsanalyse. In B. Werkmann-Karcher & J. Rietiker (Hrsg.), *Angewandte Psychologie für das Human Resource Management* (S. 179–214). Berlin, Heidelberg: Springer.

Erpenbeck, J. (2010). Kompetenzen – eine begriffliche Erklärung. In V. Heyse, J. Erpenbeck, & S. Ortmann (Hrsg.), *Grundstrukturen menschlicher Kompetenzen. Praxiserprobte Konzepte und Instrumente* (Kompetenzmanagement in der Praxis, Bd. 5, S. 13–20). Waxmann.

Erpenbeck, J., von Rosenstiel, L., Grote, S., & Sauter, W. (Hrsg.). (2017). *Handbuch Kompetenzmessung. Erkennen, verstehen und bewerten von Kompetenzen in der betrieblichen, pädagogischen und psychologischen Praxis* (3., überarbeitete und (erweiterte). Stuttgart: Schäffer-Poeschel.

Evans, T. R. (2019). Emotions in the Fire Service: Decision-Making, Risk, and Coping. In T. R. Evans & G. Steptoe-Warren (Hrsg.), *Applying Occupational Psychology to the Fire Service* (S. 13–57). Cham: Springer International Publishing.

Evans, T. R., & Steptoe-Warren, G. (Hrsg.). (2019). *Applying Occupational Psychology to the Fire Service*. Cham: Springer International Publishing.

Feuerwehr Koordination Schweiz. (2013). Reglement Basiswissen. Verfügbar unter: http://docs.feukos.ch/Basiswissen/ReglementBasiswissenDE/

Feuerwehr Koordination Schweiz. (2019). Handbuch Methodik/Didaktik für die Instruktion. Verfügbar unter: http://docs.feukos.ch/handbuch-methodik-didaktik/handbuch-methodik-didaktik-de/

Feuerwehr Koordination Schweiz. (2022a). Feuerwehr 2030 – Konzeption der FKS. Verfügbar unter: https://docs.feukos.ch/konzeption-2030/feuerwehr-konzeption-2030/

Feuerwehr Koordination Schweiz. (2015b). Reglement Einsatzführung. Verfügbar unter: http://docs.feukos.ch/Einsatzfuehrung/Reglement_Einsatzfuehrung_de/

Feuerwehrinspektorat beider Basel. (05/2022). Feuerwehr – Kommandoakten beider Basel. Verfügbar unter: https://bgv.ch/feuerwehr/kommandoakten

Flanagan, J. C. (1954). The critical incident technique. *Psychological Bulletin, 51*(4), 327–358.

Flick, U. (1987). *Methodenangemessene Gütekriterien in der qualitativ-interpretativen Forschung* (Forum für Verhaltenstherapie und psychosoziale Praxis, Bd. 14). dgvt-Verlag.

Flick, U. (2020). Triangulation. In G. Mey & K. Mruck (Hrsg.), *Handbuch Qualitative Forschung in der Psychologie* (S. 185–199). Wiesbaden: Springer Fachmedien.

Flin, R. H., & Slaven, G. M. (1995). Identifying the Right Stuff: Selecting and Training On-Scene Emergency Commanders. *Journal of Contingencies and Crisis Management, 3*(2), 113–123.

Literatur

Gasaway, R. B. (2007). Making intuitive decisions under stress: Understanding fireground incident command decision-making. *International fire service journal of leadership and management, 1*(1), 8–18.

Golecki, P. (2020). Aufbau- und Führungsorganisation von Feuerwehr und Katastrophenschutz. In E.-M. Kern, G. Richter, J. C. Müller, & F.-H. Voß (Hrsg.), *Einsatzorganisationen* (S. 281–299). Wiesbaden: Springer Fachmedien.

Gourmelon, A. (Hrsg.). (2009). *Personalauswahl im öffentlichen Sektor* (Verwaltungsressourcen und Verwaltungsstrukturen, Bd. 4, 2., erw. und überarb. Aufl.). Nomos.

Guth, K., Mery, M., & Mohr, A. (2020). *Auswahlverfahren Feuerwehr. Bewerbung, Vorstellungsgespräch, Einstellungstest, Sporttest, Assessment Center* (1. Aufl.). Offenbach: Ausbildungspark.

Haas, J. M. (2020). Ehrenamtliche Führung als Rückgrat des deutschen Bevölkerungsschutzes. In E.-M. Kern, G. Richter, J. C. Müller, & F.-H. Voß (Hrsg.), *Einsatzorganisationen* (S. 379–397). Wiesbaden: Springer Fachmedien.

Harrison, R. T. (2015). A critical incident technique approach to entrepreneurship research using phenomenological explicative data collection. In H. Neergaard & C. Leitch (Hrsg.), *Handbook of Qualitative Research Techniques and Analysis in Entrepreneurship* (S. 251–268). Edward Elgar Publishing.

Hess, M., Grund, S., & Weiss, W. (2020). *Crashkurs Personalentwicklung. Mitarbeiter fördern und binden* (Haufe Fachbuch, 2. Aufl., Bd. 14056). Freiburg im Breisgau: Haufe Group.

Heyse, V. (2017). KODE® und KODE® X-Kompetenzen erkennen, um Kompetenzen zu entwickeln und zu bestärken. In J. Erpenbeck, L. von Rosenstiel, S. Grote, & W. Sauter (Hrsg.), *Handbuch Kompetenzmessung. Erkennen, verstehen und bewerten von Kompetenzen in der betrieblichen, pädagogischen und psychologischen Praxis* (3., überarbeitete und erweiterte Auflage, S. 245–273). Schäffer-Poeschel Verlag.

Heyse, V., & Erpenbeck, J. (2010). Qualitätsanforderungen an KODE®. In V. Heyse, J. Erpenbeck, & S. Ortmann (Hrsg.), *Grundstrukturen menschlicher Kompetenzen. Praxiserprobte Konzepte und Instrumente* (Kompetenzmanagement in der Praxis, Bd. 5, S. 21–54). Waxmann.

Hofinger, G. (2014). Entscheiden in komplexen Situationen–Anforderungen und Fehler. *Entscheiden in kritischen Situationen: Neue Perspektiven und Erkenntnisse*, 3–21.

Höft, S., & Goerke, P. (2014). Traditionelle Arbeits-und Anforderungsanalyse trifft modernen Kompetenzmanagementansatz: Rosenkrieg oder Traumhochzeit. *Wirtschaftspsychologie, 16*(1), 5–14.

Höft, S., & Schuler, H. (2014). Personalmarketing und Personalauswahl. In K. Moser & H. Schuler (Hrsg.), *Lehrbuch Organisationspsychologie* (5. Aufl.). Huber.

Holzer, A. (2020). Einsatz Besonderer Aufbauorganisationen zur Bewältigung von Großereignissen. In E.-M. Kern, G. Richter, J. C. Müller, & F.-H. Voß (Hrsg.), *Einsatzorganisationen* (S. 235–248). Wiesbaden: Springer Fachmedien.

Kaiser, R. (2021a). Einleitung. In R. Kaiser (Hrsg.), *Qualitative Experteninterviews (Elemente der Politik* (S. 1–23). Wiesbaden: Springer Fachmedien.

Kaiser, R. (2021b). Die Ergebnisse qualitativer Experteninterviews: Auswertung und Interpretation. In R. Kaiser (Hrsg.), *Qualitative Experteninterviews (Elemente der Politik* (S. 105–146). Wiesbaden: Springer Fachmedien.

Kaiser, R. (2021c). Die Planung und Durchführung qualitativer Experteninterviews. In R. Kaiser (Hrsg.), *Qualitative Experteninterviews (Elemente der Politik* (S. 63–103). Wiesbaden: Springer Fachmedien.

Kanning, U. P. [Uwe P.] (2015). Personalauswahlpraxis – Wie man gute Mitarbeiter finden will. In U. P. Kanning (Hrsg.), *Personalauswahl zwischen Anspruch und Wirklichkeit* (S. 81–150). Springer.

Kanning, U. P. [Uwe Peter] (Hrsg.). (2015). *Personalauswahl zwischen Anspruch und Wirklichkeit.* Springer.

Kanning, U. P. [Uwe Peter]. (2019). *Standards der Personaldiagnostik. Personalauswahl professionell gestalten* (2., überarbeitete und erweiterte Auflage). Hogrefe.

Kehe, K., & Wölfel, R. (2020). Forschung als Beitrag zur Einsatzbereitschaft. In E.-M. Kern, G. Richter, J. C. Müller, & F.-H. Voß (Hrsg.), *Einsatzorganisationen* (S. 365–377). Wiesbaden: Springer Fachmedien.

Kern, E.-M. (2020). Wie funktionieren Einsatzorganisationen? In E.-M. Kern, G. Richter, J. C. Müller, & F.-H. Voß (Hrsg.), *Einsatzorganisationen* (S. 13–39). Wiesbaden: Springer Fachmedien.

Kern, E.-M., & Hartung, T. (2013). Zielorientiertes Risikomanagement bei Einsatzorganisationen. In W. Kersten & J. Wittmann (Hrsg.), *Kompetenz, Interdisziplinarität und Komplexität in der Betriebswirtschaftslehre* (S. 113–132). Wiesbaden: Springer Fachmedien.

Kern, E.-M., Richter, G., Müller, J. C., & Voß, F.-H. (2020). Einsatzorganisationen: Handlungsfelder und Herausforderungen für Forschung und Praxis. In E.-M. Kern, G. Richter, J. C. Müller, & F.-H. Voß (Hrsg.), *Einsatzorganisationen* (S. 431–444). Wiesbaden: Springer Fachmedien.

Ketterer, H., Güntert, S. T., Oostlander, J., & Wehner, T. (2015). Das „Schweizer Milizsystem": Engagement von Bürgern in Schule, Kirche und politischer Gemeinde. In T. Wehner (Hrsg.), *Psychologie der Freiwilligenarbeit. Motivation, Gestaltung und Organisation* (S. 221–246). Springer.

Kirkpatick, S. A., & Locke, E. A. (1991). Leadership: Do traits matter? *Academy of Management Perspectives, 5*(2), 48–60.

Kupietz, K. (2010). To change the world or to rule it: Applying transformational leadership theory to the American fire service. *International fire service journal of leadership and management, 4*(2), 23–29.

Lehmann, A., Wehner, T., & Ramos, R. Freiwilligenarbeit – psycho-soziale Ressource und sinngenerierende Tätigkeit. In (S. 235–243). https://doi.org/10.1007/978-3-662-57388-4_20

Leitch, C. M. (2015). The critical incident technique: An overview. In H. Neergaard & C. Leitch (Hrsg.), *Handbook of Qualitative Research Techniques and Analysis in Entrepreneurship* (S. 191–198). Edward Elgar Publishing.

Lülf, M. (2018). *Sozialkompetenz und Teamentwicklung bei Einsatzkräftentzkräften* (1. Aufl.). Stuttgart: Verlag W. Kohlhammer.

McCaffrey, Senior Divisional Officer Brendan (Hrsg.). (2003). *The Training and Effective Use of Volunteer Firefighters:* Rome: International Conference Paper.

Mistele, P. (2007). *Faktoren des verlässlichen Handelns. Leistungspotenziale von Organisationen in Hochrisikoumwelten* (Gabler Edition Wissenschaft). Dissertation Techn. Universität Chemnitz, 2007. Deutscher Universitäts-Verlag.

Moosbrugger, H., & Brandt, H. (2020). Antwortformate und Itemtypen. In H. Moosbrugger & A. Kelava (Hrsg.), *Testtheorie und Fragebogenkonstruktion* (S. 91–117). Berlin, Heidelberg: Springer.

Pascal Breitenmoser. (2022). *Kaderplanung in milizorganisierten Feuerwehren. Anforderungsanalyse und Kompetenzmodell als Grundlage zur Auswahl von Führungspersonal im Feuerwehrdienst.* Fachhochschule Nordwestschweiz FHNW, Olten.

Pulm, M. (2019). *Einsatztaktik für Führungskräfte. Praxiswissen für Gruppenführer* (2. Aufl.). Stuttgart: Verlag W. Kohlhammer.

Rogers, A. (2002). A 360-degree evaluation of leadership competencies. *Unpublished doctoral dissertation, Our Lady of the Lake University.*

von Rosenstiel, L. (2004). Arbeits- und Organisationspsychologie – Wo bleibt der Anwendungsbezug? *Zeitschrift für Arbeits- und Organisationspsychologie A&O, 48*(2), 87–94.

Schweizerische Eidgenossenschaft. (2020). SR 520.1 – Bundesgesetz über den Bevölkerungsschutz und den Zivilschutz. BZG. Verfügbar unter: https://www.fedlex.admin.ch/eli/cc/2003/620/de

Steinke, I. (2000). *Qualitative Forschung. Ein Handbuch, 4*, 447–456.

Steinke, I. (2007). Qualitätssicherung in der qualitativen Forschung. In U. Kuckartz, H. Grunenberg, & T. Dresing (Hrsg.), *Qualitative Datenanalyse: Computergestützt* (S. 176–187). Wiesbaden: VS Verlag.

Stevens, G. W. (2013). A Critical Review of the Science and Practice of Competency Modeling. *Human Resource Development Review, 12*(1), 86–107.

Stock-Homburg, R., & Groß, M. (2019). Gestaltung der Personalbeurteilung. In R. Stock-Homburg & M. Groß (Hrsg.), *Personalmanagement* (S. 413–454). Wiesbaden: Springer Gabler.

Tissington, P., & Watt, F. (2019). Decision-Making: Inside the Mind of the Incident Commander. In T. R. Evans & G. Steptoe-Warren (Hrsg.), *Applying Occupational Psychology to the Fire Service* (S. 231–259). Cham: Springer International Publishing.

Useem, M., Cook, J. R., & Sutton, L. (2005). Developing Leaders for Decision Making Under Stress: Wildland Firefighters in the South Canyon Fire and Its Aftermath. *Academy of Management Learning & Education, 4*(4), 461–485.

Venkatesh, V., Morris, M. G., Davis, G. B., & Davis, F. D. (2003). User acceptance of information technology: Toward a unified view. *MIS quarterly*, 425–478.

Wehner, T., Güntert, S. T., Neufeind, M., & Mieg, H. A. (2015). Frei-gemeinnützige Tätigkeit: Freiwilligenarbeit als Forschungs- und Gestaltungsfeld der Arbeits- und Organisationspsychologie. In T. Wehner (Hrsg.), *Psychologie der Freiwilligenarbeit. Motivation, Gestaltung und Organisation* (S. 3–22). Springer

Wenzel, D., Beerlage, I., & Springer, S. (2012). *Motivation und Haltekraft im Ehrenamt* (Bd. 39). Herbolzheim: Centaurus Verlag & Media.

Wright, S., & O'Driscoll, M. (2009). *Validation of the Firefighter Recruitment and Selection Programme. New Zealand Fire Service Commission Research Report Number 96.* University of Canterbury. Management.

GPSR Compliance

The European Union's (EU) General Product Safety Regulation (GPSR) is a set of rules that requires consumer products to be safe and our obligations to ensure this.

If you have any concerns about our products, you can contact us on

ProductSafety@springernature.com

In case Publisher is established outside the EU, the EU authorized representative is:

Springer Nature Customer Service Center GmbH
Europaplatz 3
69115 Heidelberg, Germany

www.ingramcontent.com/pod-product-compliance
Ingram Content Group UK Ltd.
Pitfield, Milton Keynes, MK11 3LW, UK
UKHW022236230426
12048UKWH00018BA/1282